プロに学ぶ

遺品整理のすべて

木村榮治

一般社団法人
遺品整理士認定協会　理事長

WAVE出版

はじめに

久しぶりに親の家に行ってみると、以前とは違ってどこか薄汚れていたり、きちんと片づいていなかったりすることに、気づくことはありませんか？

年をとってきたから片づけるのが面倒なのだろう。あるいはもともと片づけが苦手だったから、しかたがないのかな……。そんなふうに見て見ぬふりをしがちです。

ただ、順番からいえば、親は多くの場合あなたより先にいなくなります。あるいは、体の自由が利かなくなったからと施設に入ることもあるでしょう。そんなとき、**家の片づけという難問が、あなたの身にふりかかってきます。**

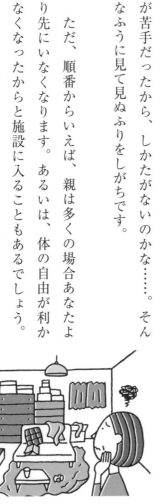

親と遠く離れて住んでいる場合、ことはもっと大変に。

「ひとりで関西に住んでいた母が、ある日、急死したんです。私は大学時代から東京で暮らして、仕事をしながら今も独身。お通夜やお葬式はなんとかなりましたが、それからが本当に大変でした。母が亡くなって半年くらいたってから、ようやく家を片づけようという気になったけど、何をどうしたらいいかわからない。親戚が少ない上に、一緒に片づけてくれるような若い人もいない。そもそも、土地が借地だったことも知らなかったし、その権利書がどこにあるのかもわからなかった」

ナオミさん（仮名＝以下同・49歳）はそう話します。一軒家のどこをどうしたら片づくのか、まず最初に何をすればいいのか、本当に右も左もわからなかったと、ため息をついていました。

誰もが似たようなものかもしれません。生前、親と仲がよければ、片づけることが寂しくてできない、あるいは親と確執があったのなら、なんでこんなことを自分がしなければいけないのかと、さらに恨みが募りそうです。遠く離れて住んでいるなら、時間的にも物理的にも片づけなど無理だと、はなからあきらめの気持ちがわいてきそうですよね。

それでも、家をそのままにしておくわけにはいきません。たとえ空き家でも固定資産税は今まで通り払わなくてはいけないと、法律が変わりました（空き家対策特別措置法）。空き家をそのままにしておくだけで、少額とはいえないお金が飛んでいくのです。いつまでも空き家を放置しておくのは、治安の面でも近所に不安を与えます。

マンションであっても同じこと。所有していれば固定資産税が、賃貸なら家賃がかかり続けます。つまり、誰も住んでいない家をそのままにしておくことで、いいことはなにもない。いつかは整理しなければならないのです。

どうせなら、**手早く、そして旅立った親にも安心してもらえるような片づけ**

をしたいものです。**右も左もわからない、どうしたらいいかわからない片づけについて、遺品整理のプロはこうしているという方法**を第一章、第二章で伝授したいと思います。まずは自分で試してみましょう。

そして、**どうしてもできないときはプロに頼む**のも一つの方法。第三章では、**遺品整理のプロにお願いするコツ**、素人とプロの片づけはどこが違うのかを、第四章では、**失敗しない遺品整理業者の選び方**を紹介しています。そして第五章では、**片づけた後に出てくる問題と対処法**をご説明します。

本書を読めば、**ストレスを抱えずに、家もココロもスッキリ**する片づけができます。そんな遺品整理のノウハウを、過去に自分の家の片づけをした方のお話や、遺品整理のプロに聞いた現場の生の声を交えてお話しします。

CONTENTS

第二章 上手な片づけのイロハ

第三章

遺品整理のプロにまかせる

083

CONTENTS

第五章 片づけ後に出る問題と対処法

CONTENTS

構　　成　亀山早苗
ブックデザイン　金井久幸［TwoThree］
カバーイラスト　加納徳博
本文イラスト　タナカユリ
校　　正　鈴木俊之
編　　集　設楽幸生

第一章

親の家を片づける、とは?

親が亡くなり、通夜も葬式も四十九日も終えたころ……。さて、この家をどうしよう、とあなたは思うはずです。諸事情によって、自分が住むわけにはいかない。他に住む親類縁者もいない。誰かに貸すにしろ売るにしろ、とにかく片づけない限り処分はできません。

家の中を見渡すと、ここには父がいたな、ここには母がいたなと思い出が泉のようにわいてくるでしょう。家を片づけるのは、まるで自分の子ども時代の楽しかった思い出を捨ててしまうかのように感じるかもしれません。親との完全な別離を感じて、耐えられなかったと言う人もいます。

でも心配いりません。たとえ家を片づけても、「思い出」や「思い出の品」は残るからです。ただ、何もかもとっておくわけにはいきません。だからこそ、大事なものを見極めることが重要なのです。

実際に遺品を整理した人たちの話を聞きながら、何をどうやって仕分けしていけばいいのかを、まずは紹介していきます。

家の片づけ、その前に

いくつになっても、親が亡くなるのは寂しいことです。長く病床に伏し、介護が続いて苦しかったとしても、亡くなればやはり「もっと生きていてほしかった」と思うでしょう。

急死された場合は、心の準備もできていませんから、嘆き悲しむばかりで、気持ちの整理がつかないと思います。

◎家を片づける前に心の整理を

多くの人にとって、親の残した品物を片づけようと思うのは、いったいどういう時なのでしょうか。

私が今まで見聞きしてきた経験を踏まえていえば、やはり**四十九日が終わって、「さてこれから、この家をどうしよう」と残った家族が思うときがいちば**

ん多いと思います。

あるいは、親が大事にしていた品物をふっと見つけ、これらを**きちんと整理しなければ、かえって親に申し訳ない**と感じたという方もいるようです。また、品物が残っていると、**気持ちにけじめがつかないから整理しよう**と決意される場合もあります。

あとに住む方がいない場合は、この家をずっとこのままにしておくわけにはいかない、賃貸でしたらずっと家賃を払い続けるわけにはいかない。そういう理由で片づけを決意される方もいます。

実際、いつかは誰かがやらなくてはいけないこと。そうであるなら、**気持ちの整理がついた段階でとりかかるのがいちばんいい**と思います。

「父が亡くなり、母が施設に入って5年近くたちますが、いまだに関西の実家はそのままの状態。私は東京に自宅がありますが、4年前から九州に単身赴任。なんとかしなければと思いながら、時間的な余裕がなくて……。これで私が死

んだら、子どもたちに迷惑がかかります。それだけは避けたいと思っているんですけどね」

60代半ばの男性は、そう話してくれました。自分の日常が多忙であればあるほど、面倒くささも手伝って、こういうことになりがちです。気持ちは痛いほどわかります。

こういう場合は、**一度心を整理して、きちんと時間を作ってから実際の整理に取りかからないと、ただつらいだけの作業**になってしまいます。

どうしても踏ん切りがつかない、そんな人のために第三章で、**遺品整理業者へ頼む方法**を紹介していますが、業者にお願いするにせよ、自分でやるにせよ、「親の家を片づける」とはどういうことか、より具体的に説明していきます。

あなたが親の家を片づけるときにすること

「親の遺品を整理する」と一言で言っても、さて何からやればいいのか検討もつかない、と思われる方も多いはずです。

タンス、ソファ等の家財道具、冷蔵庫、テレビといった電化製品などの比較的大きなものから、衣類、写真などの思い出の品、貴重品、重要な書類まで、片づけなければならないものは多種多様です。

本章ではまず、家具などの大きな物ではなく、**比較的小さなものや、重要書類などの大切なもの、そして思い出がつまっているものの整理から紹介**していきます。

◎まずは形見分け

「片づける」前に、まずは形見分けをしましょう。今ではあまり見ない慣習となってしまいましたが、**私たちはこの「形見分け」こそ、遺品整理の第一歩**と考えています。つまり、思い出を心の中に刻み込む最初の作業なのです。

できれば、早めに形見となるものを仕分けておきます。そして四十九日あたりで親戚が集まったとき、親が大事にしていたものを並べてみましょう。みんなで話しながら、思い出として手元に置きたいものをそれぞれに分けます。

一つ一つの**品物から、亡き人の思い出が蘇る。それがまさに「供養」**なのだと思います。

形見分けにも一定のルールがあります。以下に注意しましょう。あくまで目安として参考にしてみてください。

①形見分けは、仏式なら四十九日を過ぎたころ、神式なら五十日祭を過ぎたころ、キリスト教式ならば30日目の昇天記念日に行うのが一般的です。

②目上の人には贈らないこと。形見分けは、目上の人から目下の人に贈るのがルールとなっています。

③遺品を包装せずに、そのまま贈るのも形見分けのマナーです。もし包むのであれば、半紙などの白い紙で簡単に包む程度にしましょう。

④高価すぎるものを贈らないのもマナー。時価110万円以上の高額な品物は、贈与税が発生し、先方に迷惑をかけてしまう場合があるので、気をつけましょう。

⑤遺産分割の協議を相続人と行ってから、形見分けをするようにしましょう。遺産分割協議前の形見分けは、後にトラブルを引き起こす可能性があります。

◎片づけのスタートは、貴重品を見つけること

いちばん大事なのは、**貴重品をもれなく見つけておく**ことです。現金、宝石類、株などの証券、実印、家や土地の権利書や契約書など、相続に必要なもの、家を処分するときに欠かせないものなどを、きちんと保管しておきましょう。

以下の書類などが、後々見つからないと困るものです。

・預金・貯金されている銀行等の通帳
・印鑑
・土地の権利書などの不動産関連の書類
・生命保険・損害保険関連書類
・年金の書類や年金手帳
・有価証券に関する書類、金融資産の書類
・指輪、金塊等の貴金属
・借入金などに関する書類
・クレジットカードや携帯電話、インターネットのプロバイダー、公共料金に関する契約状況のわかる書類

◎いちばん片づけられない衣類の仕分け

たくさんあって場所をとるのが衣類。しかも、思い出がつまっていることが多く、なかなか要不要の判断がしにくいかと思います。

そんなとき、私がお勧めするのは、**「いちばん思い出深いものを2点だけとっておく」**ことです。

「父が亡くなったとき、衣類は全部捨てようと思ったんです。でも捨てられなかった。母と僕と弟、それぞれ2点ずつ引き取りました。僕がもらったのは、父が大好きでよく着ていたセーターとジーンズ。ときどきセーターにふっと顔を埋めると、なんとなく父がそばにいるような気持ちになります」

(46歳・男性)

衣類はすべて捨てる必要もありません。価格の高い着物などは売れますし、洋服もリサイクル業者に引き取ってもらえます。知らない人の役に立つならそれでもよし、一方で家族の衣類を知らない人が着るのは嫌だという考え方もあるでしょう。それは残された家族の判断次第です。

◎思い出のつまった写真、アルバムの整理のコツ

ただでさえ写真はどんどん増えていくので、整理に困っている人が多いのではないでしょうか。ましてや親の持っていた写真となると、自分の子どものころのものもあり、処分しづらいものだと思います。もちろん、全部持っていることができればそれに越したことはありません。ただ、遺族も広い家に住んでいる人ばかりではありません。現代のようにデータとして残っているものはともかく、紙焼きしてある写真はすべて所持できるとは限らないのです。

整理する必要があるなら、**思い切って大事なものを何枚**と決めてセレクトし

ていくしかないのではないでしょうか。

「私は親が若いときの写真を10枚、私たちが小さいときの写真を10枚、というように年数ごとに少しずつ残しました。捨てるのは忍びないけど、小型のシュレッダーで泣きながら処分しました。そして最後にアルバム1冊にまとめました。これを自分たちの子どもへと伝えていきたいと思っています」（62歳・女性）

写真をＣＤやＤＶＤに焼いてあったりＳＤカードやフラッシュメモリー等で残っているものは、そのまま所持していてもそれほど場所を取りません。最近では写真をデジタルデータにして、ＤＶＤ等に焼いてくれる業者もあるので、活用するのもひとつの手です。写真を供養してくれるお寺などもあります（59ページ参照）。

◎思い出の品は、段ボールに1年だけ保存

大きなものから小さなものまで、思い出の品はたくさんあります。親自身の思い出となるもの、あるいはあなた自身が親との思い出として取って置きたいもの。中には、親が取って置いてくれた、あなたの子どもの頃の作文や通信簿などもあるかもしれません。

何を基準に、「いる、いらない」を決めるのか。置いておける場所の問題も大きいと思います。いくら父親が愛用していたバイクを捨てられないと思っても、息子や娘が乗らないなら、それはやはり「不要品」として処分するしかありません。

自分が積極的に使いたいもの、使えるもの、どうしても思い出として取って置きたいもの、しかも今

段ボールに入れて１年保存しておく

の自宅に置いておけるものを基準に考えるしかなさそうです。そう決めても心残りがあるなら、**一応段ボールに入れて自宅に置き、1年間使わなかったら処分する、**と決めてもいいかもしれません。

「祖母から母に伝わった、大きな桐のタンスがあったんです。とてもいいものだし素敵だから、と夫の反対を押し切って自宅にもって帰ったものの、うちはマンション。夫婦の寝室に入れたら、狭い部屋がよけい狭くなって……。実家の整理をしたときはまだ、うちも子どもが小さかったし、最終的にはどうにもならなくなり、泣く泣く手放しました。リサイクルショップに売ったんですが、今になると、どうにか取っておけなかったか、とときどき思い出します」（49歳・女性）

物理的にどうにもならない。しかし、あとになって後悔してしまう。そんなことも起こり得ます。ただ、それはどうしようもなかったと少しずつあきらめるしかありません。

何度も言いますが、**ものがなくても思い出は残ります。**思いがこもっているのに処分するしかないときは、**ものの写真を撮っておく**とよいでしょう。少しだけ気持ちが救われるかもしれません。

◎親が大事にしていた、賞状など記念品は残すべき？

父や母がもらった賞状やトロフィー、記念品などは、家によっては多数存在しているのではないでしょうか。これも、親のものでありながら、受賞した当時の思い出などがたくさんつまっていますから、手放したくはないもの。

ただ、この先、ずっと所持していくのか、あなたの子どもたちの代になったらどうなるのか。そう考えると、最低限のものだけにして処分するしかなさそうです。

「父は地域のボランティアをやっていて表彰されたことがあるんです。ゴルフのトロフィーより、ボランティアでの受賞を何より喜んでいた。だからそのときの賞状を1枚だけ保存しています。そしてつい最近、母を見送りました。母は趣味の絵で受賞歴がありますが、母の絵そのものを持っていたほうがいいので盾などは処分しました。私だって、もういつ倒れるかわからない年齢ですから、ものをたくさんもつのは、やめようと思っています」（60歳・女性）

思い出の品物はたくさんは必要ありません。自分にとって最低限、どうしてもそばに置いておきたいものだけを厳選していくことが大事です。

COLUMN

私が親の家を整理できない理由

アキオさん(52歳)は、10歳のときに実母が亡くなり、千葉県の一軒家で、父と3歳年上の兄との3人で暮らした。兄は18歳で家を出た。アキオさんも22歳で自活するようになり、父は戸建て住宅でひとり暮らしとなった。

「私も若かったし、3年に1回くらいしか実家には帰らなかった。ただ、40歳直前で結婚した妻が、父を気にかけてくれたんですよね。それで前よりは父の家に行くようになりました」

父は元気に暮らしていたが、80歳を超えたころから、バイクに乗って転倒したり、熱中症になったり。さらにあるとき、バイクで事故を起こし、相手にケガをさせてしまう。

「父もこの件では、相当、落ち込んだようです。ただ、バイクを処分しようと持ちかけたときは、抵抗していましたね。カギを取り上げるまでに2週間くらいかかりました。でも、もう怖くて乗せることはできないと思っていたので、粘り強く説得したんです。最後は本人もあきらめたようですが」

このままひとりで暮らすには無理がある、とアキオさんの妻があちこち奔走して、高齢者ホームを探し始めた。それにともなって、彼も父の身の回りを整理し始める。

「元気でいてもらいたいからこそ、ホームに入ってほしかった。父も自分の状態はわかっていたようです。事故以降、急に老けたなという感じがあったし。近所の人も気にしていてくれたようですが、ごはんの支度もできない、外でも転ぶ、風呂にも入れないという状態でしたから、もうしかたがないですよね。父がホームに行く前に、庭の樹木の伐採もしました。４トントラック３台分ありましたね。大きな銀杏の木を切ったときは、さすがに父もつらそうでした。それから預金通帳を預かって管理することにしました」

さらに祭祀の承継をいとこに託した。アキオさん夫婦には子どもがおらず、このままだとお墓を守る人が途絶えるためだ。

ホームに入居したのは2年ほど前。そして1年間、ホームで暮らしたあと亡くなった。87歳だった。

「私が会いに行って話をして、じゃあまた来るよと言って帰ったあと、急に具合が悪くなって、病院に搬送されたんだそうです。病院に行ったときは、もう息が絶えていました。呼吸器不全ということでしたが、まあ、老衰みたいなものなんでしょう。苦しまなかったようなので、よかったです……」

ただ、問題はそこからだった。アキオさんより早く家を出た兄は、それきり音信不通で、実家にも寄りつかなかった。アキオさんは、ときおり住民票をたどっては手紙を出した。めったに返事は来なかったが、一度だけメールアドレスを書いた手紙が来たことがある。そこで、父が亡くなったとメールをしたが梨のつぶて。兄不在のまま、通夜と葬儀をすませた。

「父が生命保険に入っていて、受取人が兄と私だったんです。そこでまた、兄の住民票をたどりました。それを保険会社の担当者に話したら、ちゃんと兄の居所を探し当てたようです。保険のことはすべて終わりました、と報告があった。だけど私はその担当者に、兄がどうしていたかを聞けなかったんですよね」

ホームは部屋をきれいにして明け渡さなければいけなかったので、テレビだけ持ち帰ってあとはすべて廃棄処分してもらった。

「日記を書いていたようで、ぱらぱらとめくってはみました。見てあげたほうがいいんじゃないかなと思って」

ただ、実家は、ほぼ手つかずのままだ。ホームに父を連れていった「あの日」が蘇ってくるらしい。ホームに入れたのが、父にとって幸せだったかどうか、アキオさんはいまだに考えてしまうのだという。もちろん、ひとりでは暮らせない状態だったのだからしかたがないのだが、どこか自分を責める気持ちもあるのだろう。

「さらに、兄の印鑑などがないと、家を処分できないんですよね。その件も、兄にはさんざん手紙で知らせているのに、何も言ってこない。某県で、いったい何をしているのかもわからない。いつか会いに行くしかないんだろうと思いながら、兄弟とはいえ30年も会っていないと億劫で。せめて実家の内部だけでも片づけようと思って、たまに足を運んでみるんですが、なぜかあの家に宿っているマイナスエネルギーに気圧されてしまう。結局、いつも片づけられないままに、近所のコンビニに行って焼酎買ってきて飲んじゃうんですよね……」

残されたものに、それほど思い入れはないのだが、「片づけないと、けじめがつかない」とは思っているそうだ。
「家電製品、大量の書籍、過去の日記、写真、旅行の土産物などをきちんと見て、あとは業者に依頼して処分しようと考えています。それまでに、兄と連絡がとれればいいんですが……」

連絡のとれない身内との関係が、実はいちばん重くのしかかっているのかもしれない。■

COLUMN

大変だった片づけ

賃貸マンションでひとり暮らししていた姑が、５年前に突然亡くなり、片づけが大変だったと話してくれたのは、ヨウコさん（56歳）。

「車で15分くらいのところに住んでいたので、ときどき姑の様子は見に行っていたんです。元気だったんですが、あるとき、病院から電話がかかってきた。姑が入院したというんです。すぐに行ってみると、だるそうに寝ている。どこか悪いなんて聞いたこともなかったのに。結局、悪性リンパ腫で、３週間足らずで亡くなりました。もっと気をつけてあげられなかったのか、と自分を責めたけど、たとえ近くにいても気づけない病気だと言われました」

姑は80歳だった。あわただしく通夜と葬儀を終えた。夫には妹がひとりいる。

「遠方に住んでいる彼女は、お葬式が終わるなり、『お母さんの預金通帳とか証券とかないの? 生命保険は?』って。夫が探し出すと、すぐに近くのコンビニでコピーをとってきました。そして姑がいちばん大事にしていたダイヤの指輪と真珠のネックレスだけ持って、さっさと帰っちゃった。まあ、実の娘だからいいですけど、あとはどうするのって思いましたね」

それが月半ばだった。月末までに退去すれば、次の月の家賃は払わずにすむ。

「さて、どうしようと夫と話して。どうせやらなくてはいけないんだから、次の月にまたがらないよう、今月中に片づけるしかないと話がまとまりました。１ＬＤＫの狭い部屋ですけど、それでも、いくらでもものが出てくる。紙袋とか包装紙とか、捨てられない世代なんでしょうね」

大きなゴミ袋を部屋の真ん中に置いて、燃えるものと燃えないものに分けていった。

「当時、大学生だった息子も動員して、みんなでとにかく分別していきました。途中で夫が、写真や日記などに見入っていたので、『そんなの見ていたら、いつまでたっても終わらないわよ』と思わず言ってしまった。夫は『おまえには他人でも、オレにとってはおふくろなんだ』って。ああ、事務的に片づけるのは、夫にとってはつらいんだろうなと思いました。でも、やはり早く終わらせたいのが私の本音。3日くらいで片づけて、家具や電化製品などは、リサイクル業者を呼んで持っていってもらいました。ただ、あのころで20万円近くかかったんですよね。今思えば、足元を見られたような気はします」

自宅に持ち帰ったのは、何枚かの写真と冷蔵庫だけ。冷蔵庫は姑のところのものが新しかったためで、その後、独立したヨウコさんの長男が持っていった。

「それからしばらくは、夫が『おふくろの思い出の品を、もう少し持ってくればよかった。おまえが急かすから何もかも捨ててしまった』って、よく言っていましたね。それで大げんかになったこともあります。次の月の家賃を払ってもいいから、もっとゆっくり整理すべきだったのかしら。

ただ、まだ時間があると思うとかえって取りかかれなかったりすると思うんですよね……」

自分の親と配偶者の親とでは、おのずと思い入れのありようも違ってくる。どうやって整理すべきなのかも、じっくり話し合ったほうがいいのかもしれない。■

第二章

上手な片づけのイロハ

さて片づけよう。そう思っても、どこから手をつけたらいいのか考えてしまいますよね。引っ越しの経験があるなら、それを思い浮かべてください。

引っ越しの場合も、まずはいるものといらないものに分けていくのが最初の作業。部屋がいくつかあるなら、部屋ごとに整理していき、空いた部屋にいるものといらないものを分けて置いておくと、のちに搬出しやすいでしょう。

捨てるものと残すもの、分け方のコツ

何を捨て、何を残すかは、あなた自身の生活環境や親との関係にもよります。ここではいくつかヒントとなるポイントを挙げておきます。

特に田舎の旧家のように、代々続いた広い家などを整理しなければいけないときは大変です。たとえ親戚から何か言われたとしても、そのままにしておけば、のちの世代がまた大変な思いをすることになります。

遺品整理の心構え10ヶ条

1 家や土地にかかわる権利書、賃貸なら契約書、
実印、保険証書、銀行の通帳など重要書類を探す

2 エンディングノートがあれば故人の意向に沿って

3 どうしても手元に置きたい思い出の品を残す

4 いるものといらないものを選別

5 思い出に浸りすぎると時間がかかるので、
ある程度割り切って

6 衣類は２点だけ残す

7 手元に置けない思い出の品は写真に撮っておく

8 手紙や日記などは、いちいち読まずまとめておく

9 親の私的なものは、「自分が死んだとき
子どもに見せたいかどうか」を基準にする

10 自分だけでやろうとがんばりすぎない

もし、「このあたりが整理のしどき」「これ以上、ものを増やしても意味がない」と思うなら、**代々の遺品を整理し、あなたの代で本当に必要なものだけを残す**努力をしてもいいのではないでしょうか。

◎仕分けする置き場を確保する

さあ、片づけをはじめましょう。でもその前に、とても大切なことがあります。それは、**片づけたものを置いておくスペースを決めておく**ことです。

片づけの前に決めておくのが、**「仕分け」**です。仕分けでは、以下の三つに分けることが大切です。

- **残しておくもの**
- **処分してしまうもの**
- **残すか、処分か、判断を保留するもの**

捨てるもの

[家具]
食器棚、タンス、テーブル、ソファ、ベッドなど

[家電]
テレビ、冷蔵庫、洗濯機、エアコン、衣類乾燥機
(以上５種類は家電リサイクル法に基づいた処分を)

掃除機、炊飯ジャー、電子レンジなど
(小型家電リサイクル法に基づいた処分を)

[衣類][食器]

[日用品] 洗剤、トイレットペーパーなど

[雑貨][布団]

残すもの

[思い出の品] 写真、趣味で集めたもの、書籍など

[貴重品][貴金属][書類]

「残しておくものはあの部屋に……」「処分品は濡れてもいいからベランダか庭に……」「保留のものはあの一角に」などと決めましょう。そしてまずその仕分け用のスペースを確保します。

さらに、その中で燃えるゴミ、燃えないゴミ、資源ゴミなどと分けておくと、あとの作業がとてもラクになります。

仕分けスペースを作ったら、**タンス、ソファ、テレビなど、重いものは後回しに。**そして自分で持てる範囲の、確実に処分するものから次々とゴミ袋に入れていきましょう。

仕分けをして片づけていくこの方法は、「まずは玄関」「次は台所」と**エリアを区切って作業する**と効率がよいようです。そして「本当は捨てたいんだけど、思い出があるし……」と悩むものは「保留」コーナーに置いて、後から考えましょう。

この仕分けで大切なのは、**ひたすら手を動かすこと。考えるのは後回しにするのが効率のよい作業**のポイントです。

「一軒家の実家を片づけるとき、茶の間の6畳に不要品を集め、隣接する4畳半に必要なものと迷うものを仕分けしていきました。ものを手にすると思い出が蘇って……。途中から、夫や子どもたちにやってもらい、私は手に取らずに判断するだけ。当事者は、事務的に片づけるのがつらいことを家族が思いやってくれたので、ありがたかったですね」（53歳・女性）

◎分けるときのポイントは、大きいものと小さいもの

いちばん困るのは、家具と家電と衣類だとおっしゃる方が多いようです。家具は、よほどのことがない限り、捨てる（リサイクル業者に持って行ってもらうことも含め）ものとしていいと思います。

ただ、家具はよくチェックしてから。旧家のタンスには意外なお宝が入っていることがあります。しかも、昔のタンスは隠し扉や隠し引き出しがあったり

して、そこに小判が入っていたりするものです。通常のタンスでも、かつてはよくお札を引き出しの裏に貼っておくようなことがありました。

大きな家具は処分されることが多いのですが、よく見てからにしましょう。また、ベッドも要注意です。

「うちの父の場合、ベッド枠の内側の目立たないところに遺言書が貼ってあったんです。なぜそんなところに貼ったのか、見つからなかったらどうするつもりだったのか……。ただ、生前から冗談の好きな人でしたから、何か意外なところに意外なものを隠してあるだろうという気はしていましたが」（55歳・男性）

これなどは、業者に頼んで一気に廃棄していたら、おそらく見落とされていたでしょう。せっかくのお父さんのいたずら心が無になった恐れもあります。

◎衣類の整理術

衣類は自分自身のものであっても、処分しづらいもの。親のものとなればなおさらです。

例えばクローゼットに「捨ててもいいのでは？」と思えるような、ボロボロになった洋服などがあったとしましょう。そこで人はつい、「これは親が大切に使っていたんだな」と思って、感傷に浸ってしまいがち。その気持ちは確かによくわかります。でも、そんなことでは処分が進まず、いつまでたっても片づけることができません。

「残しても着ることがない」「故人の下着を見たくない」「捨てるに忍びない」。そんな理由で、故人の衣類の片づけをためらう方も多くいらっしゃいます。そういう場合は、前章で述べたように、思い入れのある品だけを2枚だけ残し、あとは処分するようにしましょう。処分方法としては、

・廃棄物として処理する
・リサイクルで買い取ってもらう
・寄付する

という三つの方法があります。

「私はたとえ親といえども、人の洋服を着ようとは思わなかった。父の洋服はすべて廃棄しました。母のときは、母が好きだった革のコートを一枚だけ残したけど、結局、着なかったので数年後に処分した記憶があります。ただ、パッチワークをやっているので、母の着物だけは引き取りました。着物を切って、パッチワークでスカーフなどをかなり作り、人にあげて喜ばれています。使えるものは使えばいいけど、思い出があるというだけで取っておいても、たぶん、着ないんじゃないでしょうか」（63歳・女性）

◎食器の整理術

衣類と同様に、親への思い入れが強く、処分に困るものの中に食器がありま す。バカラのグラス、ノリタケやウエッジウッドなどの陶器といったブランド品や、備前焼や信楽焼、九谷焼などで、骨董品としても価値のありそうな食器なら売るという方法もあります。あとは、どうしても自分で使いたいもの以外、廃棄物として処理するしかありません。これも衣類と同様、自分の家の収納スペースのことを考え、最低限必要なものだけ取っておくことを心がけましょう。

「母の趣味がガラス製品を集めることでした。通常使っていた食器は全部捨てましたが、バカラやスワロフスキーのグラスやガラス食器は、妹と分けて持ち帰りました。全部で20点以上ありました。それは大事にしています」（57歳・女性）

◎重要書類の整理術

書類に関しては、慎重を期すことが必要です。様々な手続きをする際に必要となる書類がありますので、どんなことをしても探し出さなければなりません。**第一章の21ページに記載したリストを参考に、それぞれの重要書類がどこにあるかをまず確認**しましょう。

通帳、印鑑など日頃よく利用していたものは、比較的簡単に見つかる場合が多いようです。一方、土地の権利書、株関連の書類、金融関連の書類はあまり日常では使いませんから、見つけるのに苦労するケースもあります。

遺品整理の仕事をしていて、ご遺族の相談事で上位に入るのが、「印鑑を見つけて欲しい」「不動産の権利書がどこかにあるはず。散々探しているのだが見つからないので何とかならないか？」という内容です。

私たち遺品整理のプロは、数多くの遺品整理をしてきた経験がありますので、故人の部屋に入ると、どこに何があるのか何となく予測がつきますが、一般の方にはなかなか見当がつかないかもしれません。そこで、あくまで参考ではありますが、重要な書類等を見つけるヒントをいくつか紹介します。

①故人がエンディングノートを書いていないか？　書いていたと思われる場合、それを探してみる。誰かに預けていないかも確認する。
②故人が大事にしていたタンス、本棚、本の隙間などを探してみる。
③貸金庫などに預けていないか？　その場合どこかに鍵があることが考えられるので、故人のキーホルダーを確認してみる。

「父が亡くなったとき、私たち家族が実家に入ることになったんですが、どうしても不動産書類が見つからない。家や土地の名義変更をしなければいけないので、焦りましたね。『どうしてそのくらいわからないの』と母を責めて泣かせてしまったこともありました。ある日、『とにかく今日中に見つけよう』と家族総動員で、家の中のあらゆる引き出しを探しまくって。結局、両親の寝室

の書棚にありました。ある全集の奥のほうに封筒があって、そこに不動産関係が全部入っていた。やはりこういうことは、生前に確かめておくべきだなと感じました」（60歳・男性）

ただ、家が荷物であふれかえっていたり、どこにあるのか全く見当もつかない場合もあると思います。そういう場合は**遺品整理士に相談するのがいちばん早くて確実**かもしれません。費用のことが心配なのであれば、そこも含めて聞いてみるのがいちばんです。

そして、重要書類が見つかった場合のポイントは次の通りです。

①重要な書類を見つけたら、整理して封筒に入れ、何が入っているかを封筒に明記しておく。
②書類を保管している場所を家族・親戚で共有する。極力「自分しか知らない」という状況を避ける。

③今後必要なさそうだが、本人のプライバシーにかかわる書類を見つけた場合は、シュレッダーなどで細かく断裁して処分する（家庭用の安価な小型のシュレッダーがあります）。

◎大事なものが見つからないとき

一般的に言って、不動産や銀行、証券関係の大事な書類が見つからないということは、ときどきあるようです。

大事なものを入れてある場所を探しても見つからなければ、**故人がどんなところに入れておくタイプだったのか**を考えてみてもいいかもしれません。

あとは、わからない鍵を見つけたら、どこのものかを突き止めましょう。**銀行の貸し金庫やトランク**

ルームのものかもしれません。そして、そこに大事なものが置いてあるケースがよくあります。

また、大事なものだからこそ、他の何でもないような物に紛れるように置いてあることもあります。

「父が亡くなったとき、実家の近所に住んでいた姉とふたりで不動産書類を探したんだけどなくて、ほとほと困りましたね。姉がしばらく考えて、『そういえば、お父さんはよく大事なものを冷凍庫に入れていた』と言うので、まさかと思いながら冷凍庫を探したら、奥のいちばん下のほうに厳重に重ねた封筒の中に入って置いてありました。お父さんらしいねと姉は泣き笑いしていました。現金200万円も一緒に入ってました。葬式代のつもりだったんでしょうか」

(60歳・男性)

◎写真の整理術

大量の紙焼き写真が見つかった場合、さて、どうやって整理すべきか悩みますね。

「処分してしまうと、思い出が失われてしまう」

「故人の思いが消えてしまう」

「故人が何に興味をもっていたかがわからなくなってしまう」

「処分するなら、供養してもらいたい」

写真供養をしてくれるお寺などがありますので、一度、調べてみるといいかもしれません。

写真は、時代によって少しずつ残す、自身の孫の代まで伝えたいものだけ残す、自分が大事にしたいものだけ残す、というように、いくつかジャンル分けをし、それぞれ数葉ずつと決めたほうがいいかもしれません。

あるいは、ぱっと見て、好きなものだけ残すという手もあります。いずれにしても、あなたの子どもや孫が大事にとっておいてくれるかどうかわかりません。もしかしたら、**物置などへ入れられて、誰も見ることがないままになる可能性**もあります。そう考えると、自分が気に入ったものだけでもいいのではないでしょうか。記録より記憶に残った両親の姿を消さないことが大事です。

「**写真というのは、いちいち見ていると、まったく片づけが進まなくなります。もちろん、じっくり見たくはなるんですが……。片づけると決めたのであれば、数葉とっておくだけにすると覚悟を決めないといけない。母が亡くなり、ひとりで暮らしていた父も亡くなって片づけざるを得なくなったとき、私は自分にそう言い聞かせました。写真がたくさん入っている箱を開けると、両親とこの家で暮らしていたころのことが、一気に蘇ってくる。涙があふれました。それでも、ここでめげたら片づけられないと思い直し、両親の若いときの写真、私が小さかったときに両親と3人で撮った写真など、全部で20枚くらいだけ手元**

に置くことにしました」（57歳・男性）

◎供養してもらえるもの

故人の荷物の中で、一般ゴミとして捨てたり、業者に処分を依頼しづらいものというのは、必ず出てきます。そういう場合は、**お寺などで供養（お焚き上げ）してもらう**ことをお勧めします。愛用品や思い出の品など、供養してもらえるものはたくさんあります。

●愛用品や思い出の品

・写真　・アルバム　・かつら
・洋服　・着物　・めがね
・万年筆　・手帳　・入歯　・杖
・手紙　・絵画　・表札

・日記　・印鑑　・賞状　・トロフィー
・人形　・ぬいぐるみ
・ライター　・趣味の道具など
・パソコン　携帯電話

●仏具
・仏壇　・神棚　・神具　・数珠
・仏像　・御守り　・神札　・御位牌
・祭壇　・御遺影など

「長い間、ひとり暮らしだった母が緊急入院、あっけなく亡くなったんです。遠方に住んでいた私は、めったに実家に帰ってあげることができなかった。久々に行ってみると、母のベッド周りには、たくさんぬいぐるみがありました。寂しかったんだろうな、このぬいぐるみを抱きしめながら、ここでひとりで寝て

いたんだろうかと思うと涙が止まらなかった。枕元にあったものは、たぶんいちばんかわいがっていたはず、とお棺の中に入れました。その他のぬいぐるみも捨てられない。かといって持ち帰れない。小さなくまだけは連れて帰ることにしましたが、あとは結局、供養してもらうことにしました。『顔のついているものは捨てられないねえ』と、以前、母が言っていたことを思い出したりもしたので」(55歳・女性)

◎車やバイク、どうするか?

車やバイクには**税金や保険料がかかります。**廃車にするとしても料金がかかりますが、名義変更をして自分や家族が使うのでなければ、やはり売却するなどして処分するしかありません。

「80歳を過ぎた父がバイクで転倒、もう乗るのは無理だと思ったんですが、本人はどうしても手放したくないと言い張る。しかたがないので、そのまま保有していました。４年ほどたって父が亡くなり、中古で売ろうと思ったのですが、メンテナンスもしていなかったため二束三文。あのとき売ってしまえばよかったと思いましたね。無駄に４年間、税金や保険料を払っていた。まあ、父の心情を思えばしかたがなかったんですが」（58歳・男性）

◎ペットをどうするか

高齢者がペットを飼うのは、精神的にもいいことなのですが、飼い主が亡くなったあとにペットの引き取り手がなく、ご遺族が保健所に連れていくという悲しいケースも多々あります。

ペットも家族と同じです。自分で飼うか誰か引き取ってくれるご遺族や親類を探しましょう。どうしてもいなかったら、**責任をもって里親を探してください**。故人が大事にしていたペットですから。

「あまり折り合いのよくなかった高齢の義父が亡くなって、高齢の犬が残りました。うちは共働きで、もう夫婦だけだしマンションだし、本当は面倒を見られない。ただ、夫が犬を不憫に思っていたので、結局、引き取りました。犬も義父がいなくなったことがわかるんでしょうね、やけにおとなしくて……。それを見ていたら、私も情が移って、それからは出勤前と夜に散歩させました。なかなか甘えてくれなくてね。義父の写真の前でじっとしていたりするんですよ。せつなかった。それから3年後、犬は静かに逝きました。最後の数ヶ月はずっと介護の日々。義父の介護をしなかったから、せめて犬だけは看取ってあげたかった。犬を見送ったとき、義父に初めて感謝しました」（61歳・女性）

◎パソコンはどうしたらいいか

パソコンは、プライバシーにかかわるようなデータが、外に漏れてしまうのを防ぐため、**ハードディスクやUSBメモリやカードなどの記憶装置をはずして処分**しましょう。引き取ってくれるところもありますし、実際に目の前でハードディスクを粉砕してくれる業者もいます。個人情報が流出しないよう、気をつける必要があります。

また、フェイスブックやツイッターといったサービスでは、ユーザーが死亡した場合、親族が証明書などを提出することでアカウントの権限を取得したり、追悼アカウントへ変更できるようです。ただ、すべてのSNSにこうしたシステムがあるわけではないので、サービスしている会社に聞いてみるしかありません。

「父がSNSをやっていたようなんです。亡くなってからそれを知って、見ていると泣けてきて……。私は20歳で家を離れ、その後、遠方で家庭をもったので、父とはあまりじっくり話したこともなかった。だけど、SNSを見て、父が寂しがっていること、父にとって私は自慢の息子だったことなどを初めて知

りました。生きている間に、もっと顔を合わせて話せばよかった」（48歳・男性）

◎携帯電話はどうしたらいいか

なかなか携帯電話にまで気が回らないかもしれませんが、一段落したら、解約処理も考えましょう。故人との関係がわかる書類を用意して、ショップに出向き、継承して使うか契約を破棄するかを決めることができます。

解約する場合、契約している会社によって、若干の違いはありますが、基本的には次の3点が必要です。

・故人が亡くなったことを確認できる書類
・SIMカード
・来店者の本人確認書類

解約するためにはまず、亡くなったことを確認できる書類を用意します（死亡診断書、住民票、戸籍抄本、戸籍謄本、除籍抄本、除籍謄本、新聞のおくやみ欄など）。そしてその書類を持って契約している会社のお店に行きます。

基本的には「解約の日までに使っていた月額料金」と「携帯本体の分割残額」を精算しなければなりませんが、契約している会社によっても異なるので、お店の人に相談するのがいちばんいいでしょう。

また、亡くなられた方名義の解約は、通常の解約とは異なり、2年契約途中の解約による違約金は発生しません。もし納得できないことがあれば、一度、持ち帰って国民生活センターなどに相談してみるといいでしょう。

「母の携帯、なかなか処分することができませんでした。考えたあげく、自分が使っているスマホと母のガラケー、2台持ちすることに。ただ、最初は母の友人からかかってきた電話も、そのうち鳴らなくなって……。持っているほうがせつなくなってきたので、1年後に解約しました。本体は今も大事にしてい

ますけど」(44歳・女性)

処分に困るもの

いざ処分となったとき、大変な手間や労力がかかるものもあります。以下のようなものの処分に困った際には、是非参考にしてください。

廃棄物の仕分けは、基本的には、通常と同じです。燃えるゴミ、燃えないゴミ、あとは資源ゴミです。

特に気をつけたいのは、割れたガラスや蛍光灯、カミソリの刃など。そのままビニール袋に入れると回収する人がケガをしかねません。

自治体によって出し方が異なるので、まずは確認が必要ですが、通常は、新聞紙等に包んでビニールに入れ、「割れ物」とか「ガラス・危険」などと書いておくことが大事です。

◎日本刀や短剣、懐剣、ピストル、精巧なモデルガン、空気銃など

押し入れの奥深く、あるいは物置や納屋などにこういったものが眠っていることがあります。代々、譲り受けていたものであったり、あるいは故人さえ、なぜそこにあるのかわからないというケースもあるようです。これらのものを発見した場合、銃刀法違反になるのではないかと不安になって、なんとか秘密で廃棄してしまいたいと考える人も少なくありません。

「発見しただけ」では違反にはなりません。むしろ、届けを怠ってずるずる保管し続けると、違反になる恐れがあります。

まずは警察に届け出ましょう。教育委員会の審査に通ると、美術品として保管することができます。登録証が見つかれば、名義変更をして所有することも可能。ただ、相続人がもつ気がないなら、警察に申請すれば処分してくれます。これは、遺品整理のプロに頼んでもできません。相続人がやるしかないのです。

◎注射器や針など

糖尿病の治療のために自分でインスリンを打っていた方が亡くなった場合など、注射器や針の処分に困ることがあります。

病院等、医療機関から出る器具は感染性廃棄物となり、**廃棄物処理法に基づいて処分**しなければなりません。ただ、家庭から出たものは在宅医療廃棄物となり、一般ゴミと同じ扱いでいいのです。

しかし、もし量が多いようでしたら、病院に連絡すれば廃棄してくれます。自治体では、病院での廃棄を勧めているようです。

◎農薬の処分法

ガーデニングや家庭菜園などを趣味とする人が増えているので、親が亡くなったあと、農薬などを発見するケースも多いようです。塗料などもそうですが、有害な物質を含んでいたり、処理するのに危険をともなうものは、どうやって捨てたらいいかわかりませんよね。

「買いだめなんかしなくてもいいのに、うちの親は大量の農薬を保管していました。自治体に連絡しても回収できないと言われ、メーカーに問い合わせ、引き取ってもらった。高齢の親は、自分が使っているものを買いだめすることが多いんですよね。私の友人は、親が大量に買いだめした古い電池の処分に困っていましたよ」（48歳・男性）

安くなっていると買ってしまう、買ったことを忘れて、次にまた安いと買う。そんなことを繰り返している親が多いとよく聞きます。かといって、買うなときつく言うこともできませんし、そもそも離れて暮らしていると気づかないものです。亡くなってから、親の「買いだめ」に閉口する話もよく聞きます。

◎整髪料、スプレー缶など

どこの家でも、スプレー缶やカセットボンベなどはあるものです。ただ、これも処分に手間取るもの。「火気厳禁」と表示されているものは、**一般的には、中身を使い切った上で、缶に穴を開けて捨てる**ことになっています。ただし、自治体によっては、缶の穴開けはしないでほしいとしているところもありますので、自治体の方式に従ってください。

なお、最近のスプレー缶の場合、捨てる前にガスを抜く仕組みがあるタイプもあります。ただし、殺虫剤などが多量に残っている場合は、中身を出し切るのは体にも環境にも、あまりよくありません。商品に書かれている説明書きを読んで確認したり、メーカーや自治体に相談してみてください。

◎食用油の処理方法

食用油の一般的な処分方法をいくつか挙げておきます。

①市販の油凝固剤を使って固めてから、生ゴミと一緒に捨てます。

②牛乳などの紙パックに新聞紙を丸めて入れ、油を注ぎ込みます。口部分を粘着テープなどでしっかり止めて、生ゴミと一緒に捨てます。

③ビニール袋に新聞紙や雑誌、古布を入れて油をしみこませ、生ゴミと一緒に捨てます。

④自治体で回収しているなら、それを利用します。

②と③は、シャンプー・リンス剤などにも使える方法。食用油、シャンプー・リンス剤などは流しやトイレに流してはいけません。パイプが詰まり、環境汚染の原因にもなりかねません。困ったら、自治体に相談しましょう。

「高齢の母が亡くなったとき、台所に沢山の賞味期限切れの食用油があって困りました。区役所に電話して処理法を聞いたのを覚えています」（59歳・女性）

◎貸し主のわからない借り物

明らかに誰かから借りたものなのだが、誰から借りたのかわからない。返すことも処分することもできません。そう訴える方がいます。中には、売ったらお金になりそうな古書や絵などもあるそうです。

こういったものは自宅で保管できるなら、するに越したことはありません。しばらくたって、故人が亡くなったことが知れ渡れば、貸した方から連絡があるかもしれませんから。ただ、三回忌もすんで、保管もできなくなってしまったら、処分するしかないでしょう。

◎わいせつなDVDや写真など

「父が亡くなって、遺品を整理しようとしたら、まあ、過激なDVDや写真、絵画が山のように出てきました。父は頑固な堅物だったのですが、ひっそりこういうものを見ていたのでしょうね。写真や絵はシュレッダーにかけて全部処分しました。困ったのがDVD。ジャケットは紙なので、全部引き抜き、シュレッダーで処分。あとはDVDを鋏で破壊して捨てました。1千枚くらいありましたから、それだけで丸三日くらいかかってしまいましたけど」（60歳・女性）

DVDやCDは、燃えないゴミとして処分できますが、個人情報が入っていたり見られたらイヤだなと思うのであれば、次の三つの方法があります。

①カナヅチなどで、自分で細かく粉砕して廃棄します。

②ディスクの量が多い時には、ディスク専用のシュレッダーを使って細か

くして破棄します。

③自治体に連絡の上、何が入っているか見えないようにして直接ゴミ処理場に持ち込みます。

◎灯油、ライター、消火器など

ライターは、自治体によって回収方法が異なります。まずは自治体に連絡してください。灯油や消火器は、販売店に引き取りを相談してみてください。

自分で処理する場合、困ったらやはり自治体に相談するのがいちばんです。リストを作って、どうしたらいいかを問い合わせてみましょう。

もちろん、こういうことをしているうちに、自分で整理することに限界を覚える人も出てきます。

「父が亡くなり、母を私の自宅に引き取ることになりました。それにともなって実家を処分することに。最初はすべて自分でやるつもりでいたんです。大きな家具とか家電製品はまだいいんです。処分の方法がわかりやすいから。困ったのは、雑貨です。父が使っていたムース状の整髪料、買いだめしていたようで1ダースくらいあったんですよ。中身を出して捨てなければいけないと聞いたのですが、とても自分ではできない。あげく、引き出しの奥から大量のナイフ。アウトドアが趣味だったから、しかたないんですが、見ているうちにどんどん腰が重くなっていって……」（55歳・女性）

とうとう、遺品整理のプロに頼もうということになったそうです。

時間や手間の問題を考えて、最初からプロに頼むのもいいかもしれませんし、**故人のプライバシーにかかわる部分は自分で片づけ**、**立ちゆかなくなったところでプロに頼む**という方法もあると思います。大事なのは、残った人たちが心身の調子を損ねずに整理をし終えることなのではないでしょうか。

次章では、遺品整理士に頼むと、どのように片づけてくれるのかを見ていきましょう。自分で片づけるときにも、プロの片づけのコツがヒントになるかもしれません。

COLUMN

片づけには行ったけれど……

都内在住のトミコさん（62歳）は、10年ほど前に姑を亡くした。

同居していた姑が、静岡県の医療ケア付きマンションにひとりで引っ越したいと言い出したのは30年ほど前のこと。当時、70歳を超えて、共働きの息子夫婦に迷惑をかけまいと思ったらしい。

「医療ケア付きマンションは2DKでしたが、ひとりで暮らすにはじゅうぶんですよね。姑は元気なころはときどき東京にも来ていましたし、週末は夫がよく訪ねていました。96歳までそこに住んでいましたが、あるときあっけなく亡くなったんです」

それが7年ほど前。その後、そのマンションは夫の名義にしたが、その夫も昨年、急逝。

「姑が亡くなったとき、夫が姑のものをずらりと並べて親戚に、好きなものをもっていってもらっていました。形見分けですよね。でもその後、私は姑のものを触ったこともなかった。ただ、夫が急逝し、これ以上、誰かに引き継ぐのは規約上できないということだったので、そのマンションを片づけなければならなくなったんです」

自身も定年にはなったものの、別の会社で仕事を始めていたので、なかなか時間がとれない。それでも、早く片づけてほしいと管理会社から連絡が来てしまったので、気持ちを奮い立たせて出かけていった。

「ものすごく汚いわけじゃないけど、やはり姑が残したものがたくさんありました。夫の名義にはなっていたものの、夫自身はほとんど行かなかったので、まだ姑の家という感じでしたね。ものを捨てられない世代なんでしょう。大量のタオルとか紙袋とか、缶詰めや食用油の買い置きなんかが、まだまだ残っていました」

何もいらない、とトミコさんは思った。姑から夫に引き継がれたその部屋で、彼女はふと、自分の人生を振り返っていたという。

「同居していたころは、子どもが小さかったので、姑もずいぶん協力してくれました。その後、ケア付きマンションに越したのは、姑なりの私への気遣いだったのかもしれない。仲が悪いわけではなかったけど、姑とは本音で話したこともなかったなあと思い出して……。夫は夫で、大酒飲みでしたからね、最後は一軒家の2階と下で家庭内別居みたいな状況だった。家族がいて、仕事も定年までやって、それなりに充実した人生だったと思っていたけど、そのマンションで姑の残したものを見ていたら、姑と私の人生が重なってきて、急に虚しくなってしまってね」

何度か行ったが、いつも片づけられないままに、自分の人生をなぞるだけで時間が過ぎていった。そしてとうとう、トミコさんは、姑が使っていたベッドサイドテーブルの引き出しを改め、特に大事なものは残ってなさそうだと判断。そっくりそのまますべて処分してほしいと管理会社に申し出た。

「姑が亡くなったあと、夫が何度かは行っているわけだし、今さら大事なものもないだろうと思ったんです。亡くなってから何年もたっている姑のものを見るのも、今さら点検しているみたいで嫌だったし。そもそも自分の自宅もかなりものがあふれているので、もって帰っても置く場所もなかったし」

自分もああやっていつか消えていく。そのとき、息子に面倒をかけるまい。トミコさんは、今、せっせと自宅を片づけ始めているという。■

第三章

遺品整理のプロにまかせる

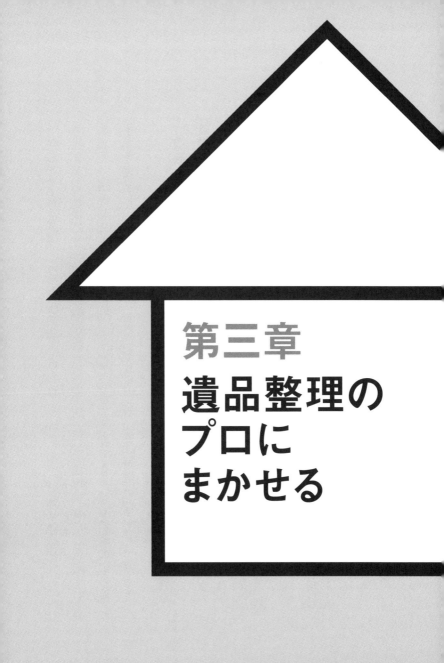

かつて「遺品整理」はご遺族の間で行われていました（形見分けなど）。ただ、時代などの変化によって、その作業をビジネスとして代行することも増えてきました。遺品整理を、法律に則った形で行うことができ、遺品整理の取り扱い手順を理解し、「心をこめて」整理できるのが、遺品整理士という仕事です。

遺品整理を遺品「処理」と捉え、故人やご遺族の思いを鑑みずに、遺品を雑に扱う業者がいます。その結果、トラブルに発展するという事例も耳にします。遺品整理士認定協会では、「ご遺族や故人の思い」をくみ取り、思い出にあふれた品々を供養するという観点で、遺品を取り扱える遺品整理士を育成してきました。現在、約１万人以上の遺品整理士を輩出し、これからもその数はますます増加して

いくはずです。遺品整理士認定協会では、遺品整理士を目指す方たちに、「遺品整理とは『もの』の整理だけでなく、ご遺族の『心』の整理をしてさしあげることです」と強く伝えています。

遺品整理士とはどんな仕事？

遺品整理士とは、具体的にどんなことをするのでしょうか？　大きく分けると、以下五つの作業を行います。

①ご遺族の意見を聞き、故人のものを、要るものと要らないものに分ける。
②部屋などを掃除する。
③ご遺族が不要と判断したものを、リサイクル業者等に査定を依頼する。
④不要なものを搬出する。

⑤その地域のルールに従って、不要品を処分する。

この一連の作業を、**依頼者の立場に立ち、故人を偲びながら心を込めて行うのが、遺品整理士**です。ただ、一人の人間もしくはひとつの業者が、これら一連の作業をすべてできる、とは限りません。他の業者と連携することも多々あります。

例えば貴金属などの査定のノウハウがない場合は、遺品整理士が信頼している業者に依頼したり、廃棄のための資格や技術を持っていない場合は、遺品整理士が信頼できる処分業者に任せたりします。

◎時間と労力を考えると、プロに頼んだほうがいい

故人の想いがつまっている遺品ですので、本当は身内や、親族が整理されるのがいちばんいいのですが、なかなかそうもいかないのが現実。過去に遺品整

理を依頼された理由をいくつかあげてみます。ひとつでも当てはまる方は、ぜひ遺品整理士へ依頼を検討してみてください。

・体力的につらい

冷蔵庫、洗濯機、テレビ、ソファ……。片づけなくてはいけない物は、このような重いものは勿論、食器などの細かいもの、高い所や低い所にあるものも沢山あるでしょう。

しかもテレビや冷蔵庫などは家電リサイクル法で処分し、その他の電化製品や家具などは別の処理方法で……、と高齢の方が少人数で片づけるのは現実的にはとても大変です。

自分でやろうとしたけど、途中でぎっくり腰に……、なんていうのは笑い話にもなりませんよね。

・距離的に遠い、親類縁者がいない

「住んでいるのは東京ですが、実家が地方で……」「実家の近くに親戚がいるものの、疎遠で片づけを頼みづらくて……」。そんな悩みを持たれる方が遺品整理を依頼されます。

平日は仕事していたり、他のことで忙しく、実家に行けても土日のどちらか一日だけ。往復の交通費と、その回数を考えると、遺品整理士に頼んだほうが効率的です。

・精神的につらい

初七日を過ぎたり、四十九日を目処に遺品整理士に依頼するご遺族が多いようです。精神的につらく、ただ、その時点でもなかなか死を受け入れ

られずに、片づけることができない、というご遺族もいます。私も以前、父を亡くした時に、なかなか片づける踏ん切りがつきませんでした。

実家が持ち家であっても税金はかかりますし、ましてや賃貸の場合、片づけをしないと家賃がかさみます。それでも、重い腰が上がらない、そんな場合には遺品整理のプロに任せることをお勧めします。

遺品整理士は何をするのか？

実際に、遺品整理士は、どんなことをしてくれるのでしょうか？　結論から言いますと、以下のようなことを行っています。**ものの選別、不要品の廃棄、**

ハウスクリーニング、**仏壇や人形等の供養**、**家財道具の預かり**、**不要品のリサイクル**、**消臭・消毒**、**業者によっては故人宅の解体や売却**などなど。一社ですべてを行っている大手の遺品整理業者もあれば、数々の優良業者と連携して行っている遺品整理士もいます。

もし業者に依頼をする場合は、必ず最初の問い合わせの際に、**「何をやって欲しいか」「どこまで片づけて欲しいか」を明確に伝える**ことが大切です。

「遺品整理士」を中心として、各業者がどう関係するかは、次ページの図が参考になると思います。遺品整理士認定協会が発行する「遺品整理士」の資格は、遺品整理を専門でやっている業者はもちろんですが、葬儀屋、古物買い取り業者、便利屋、廃棄物処理業者、解体業者などもその資格を有している場合があります。それぞれの会社が、それぞれの提携業者を持って、依頼主に満足いくサービスを提供している場合が多いのです。

遺品整理士は、様々な業者と提携して
心のこもった片づけをする仕事

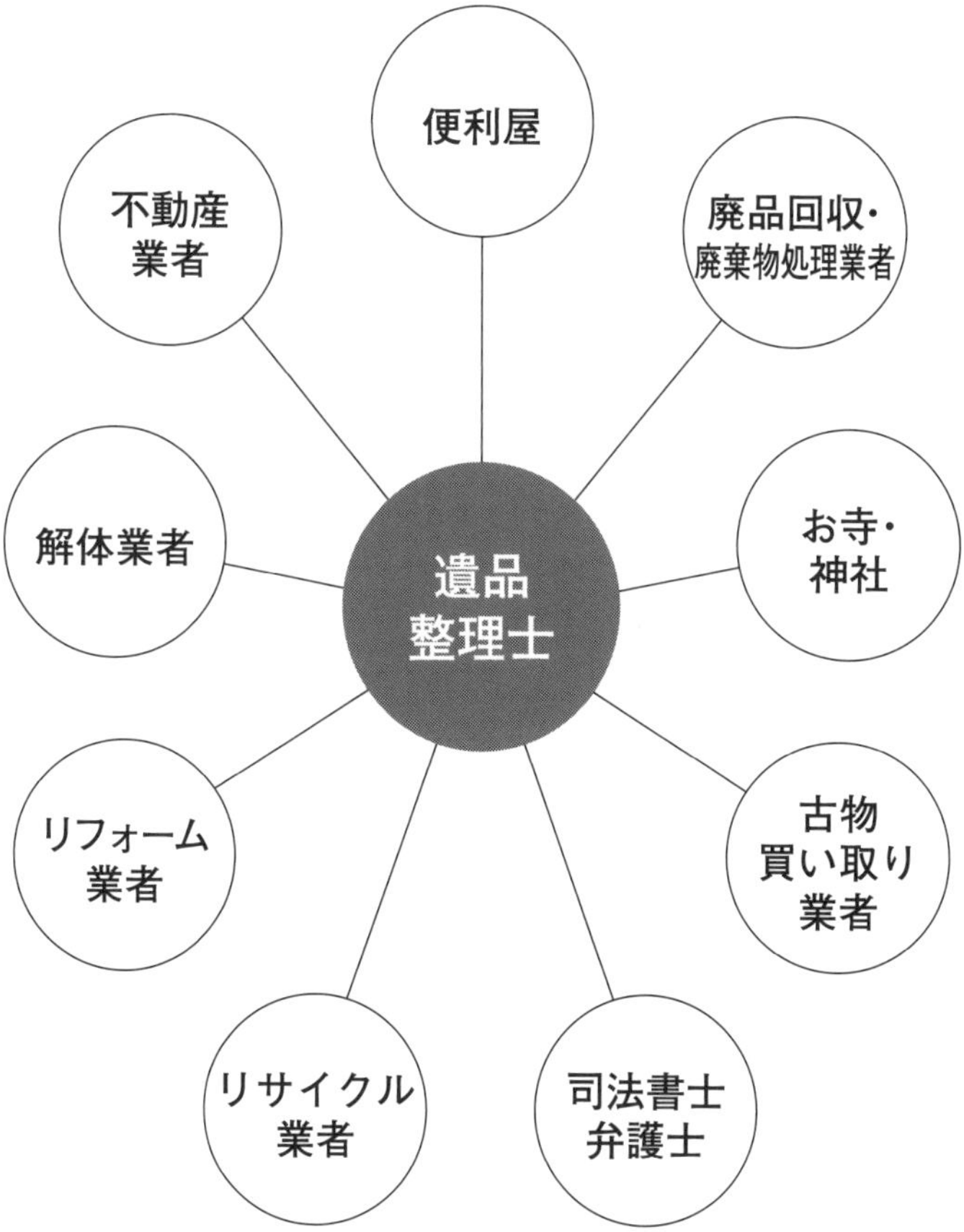

◎遺品整理を頼んだらいくらかかるの？

　すべてを代行してくれるとても便利な遺品整理業者ですが、みなさんの気になるのは「費用」の部分だと思います。業者によって違いはあるものの、**大体1ルームで3万円から、3DKで15万円から、一軒家で20万円くらいから**と考えておくといいでしょう。もちろん部屋の大きさや荷物の量によっても金額に差が出てきます。

　一見高そうに思えますが、実家が遠い場合、そこに通う交通費、リサイクルやゴミの処理にかかる手間などを考えれば、そんなに高い額ではありません。しかも家財道具の中に、リサイクルに出すとお金になる物があることも。**遺品整理の費用は10万円だったが、リサイクル業者に売れた分が5万円になったので、支払い額が5万円で済んだ**というケースも多くあります。

◎依頼から完了までの流れ

では、遺品整理士に実家の片づけを依頼しようと決めたら、まずは何をすればいいのでしょうか？　以下の要領で行いましょう。

①業者に問い合わせる

本書の巻末に、遺品整理士認定協会が信頼して紹介する、全国優良企業一覧を掲載しました。お住まいの近くの業者にまずは問い合わせてみてください。

電話で問い合わせる場合、その対応の丁寧さも、依頼するかどうかの判断材料にしてください。電話では「依頼者の名前、住所、連絡先、見積もりの日程、現場の状況、依

頼に至るまでの経緯、今後の部屋の片づけ方法」などを業者が聞いてくる場合が多いので、話がスムーズに進むよう、あらかじめ準備しておきましょう。

②業者が下見と見積もりに来る

遺品整理士が親の家を下見に来た際は、**「何を、どこまでやってもらいたいか」を明確に伝える**のがポイント。荷物を全部片づけてもらいたいのか？　ハウスクリーニングまでやってもらいたいのか。親の実家が賃貸契約の場合は借りた時と同じ状態にしないといけないので、ハウスクリーニングが必要です。

また人形や仏壇のお焚き上げが必要か？　権利書や銀行の通帳など、探して欲しいものはないか？　など、できるだけわかりやすく業者に伝えましょう。

また、**業者の身だしなみやマナーなどをチェックすることも大切**。身だ

業者に相談をする時のポイント

1 言葉づかいは丁寧か？　氏名、住所、連絡先、見積もり日程、現場の状況、依頼までの経緯、部屋の処理方法などをきちんとヒアリングしてくれるか？

2 作業完了までの手順をちゃんと説明してくれるか？

3 見積もりに不審な点がないか？

4 どこまで片づけて欲しいか？　という点を細かくヒアリングしてくれるか？

5 買取品の有無があるかを確認してくれるか？

6 不要品の量の確認と、対応方法について考え、きちんと説明してくれるか？

7 お焚き上げ、ハウスクリーニングなど、追加の作業があるかの確認をしてくれるか？

8 当日立ち会いをできるか否かを確認してくれるか？

9 仮見積書を渡してくれるか？

しなみがきちんとしており、作業に取りかかる前に、故人の仏壇に手を合わせたりする業者は丁寧な仕事をすることが多いようです。

見積もりは1社でなく、最低2社から取りましょう。見積もり時は複数人で立ち会って。極端に高い業者、逆に安い見積もりを出し、作業を終えてから追加請求してくる業者、どちらも要注意ですので、気をつけましょう。

③見積もりを確認する

業者から見積もりが出てきたら、以下の部分を確認しましょう。

1） 料金の内訳で不明な点がないか？

納得できない項目があったら、詳細を尋ねましょう。

2）料金が全体的に高すぎないか、安すぎないか？

いくつかの業者から見積もりを取ったら、明細を比較しましょう。そしてその単価が他と比べてあまりに高かったり、逆に安かったりしたら、率直に尋ねてください。見積額を誤魔化さない業者、提示した金額に関して丁寧に説明してくれる業者は信頼できます。

3）別途料金、追加料金の記載が正しいか？

遺品整理作業の他に、オプションでハウスクリーニング、また廃棄物があれば、その処理費用などが記載されています。廃棄物の運搬については、一般廃棄物の許可を持っている業者でないと処理できません。依頼した遺品整理業者が、廃棄物の許可を持っている業者を手配してくれる場合が多いのですが、その金額もしっかり確認しましょう。

4）見積書と一緒に、契約書と同意書を交わすか？

優良な業者は、99ページのような見積書と一緒に、契約書及び同意書をちゃんと交わします。しっかり確認し、すべて読んでから契約するようにしましょう。

④契約後、日程を決める

何社か見積もりを取り、対応の良さや費用の部分を見て、安心できる業者と契約をしましょう。そして契約が決まったら、日程を決め、より詳しく事前打ち合わせをします。また、**業者による下見がある場合は、できる限り立ち会いましょう。**

業者に払う料金は、通常、作業完了後の場合がほとんどです。作業前に支払いを要求してきた場合は気をつけましょう。お金だけ持って行き、忽然と連絡がつかなくなった……という例もあります。

御見積書

平成27年〇〇月〇〇日

〇〇 〇〇 様 御中

下記の通り御見積申し上げます。

何卒宜しく、ご下命賜りますようお願い申し上げます。

株式会社〇〇〇〇
〒000-0000
北海道〇〇〇〇〇
TEL:0123-00-0000 FAX:0123-00-0000
担当：〇〇〇〇

件名 ： 〇〇 〇〇 様 遺品整理作業

合計金額 ¥ 215,250 （税込）

項	品名	内訳	数量	単位	単価	金額
1	遺品整理作業	遺品整理作業				
		●遺品整理作業員数 3名×6時間＝18時間	18	時間	¥10,000	¥180,000
		・遺品と不要品の分別、可燃と不燃の分別				
		・不要品の搬出、運搬、軽清掃				
		●遺品整理作業備品代	1	式	¥5,000	¥5,000
		・段ボール、ガムテープ、軍手等				
2	オプション	ハウスクリーニング	1	式	¥20,000	¥20,000
3	廃棄物処理費	廃棄物処理費用（見積り小計に含まず）	18	㎡	¥9,200	¥165,600
		※廃棄物の運搬については、一般廃棄物許可業者を手配します。作業終了後、処分料金は、業者に直接お支払い頂きます。費用は、概算料金ですので、多少の変動はご了承ください。				
小計						¥205,000
消費税						¥10,250
合計						¥215,250

備考欄

きちんとした細目が記載され、どの作業にどの位費用がかかるかが明記されている。

時間などの単価がしっかり明記されている。

廃棄物の処理など、別途費用がかかる場合、その旨がしっかり書かれている。

⑤片づけ当日

片づけ当日はできるだけ立ち会うようにし、仕分けに際して指示を出しましょう。また、思いがけないところから思いがけない貴重品や現金などが出てくる場合も多いので、それはきちんと受け取ってください。

すべての作業が完了したら、業者へ料金を支払います。直接その場で現金の場合と、後日振り込みの場合もありますので、事前に確認をしておきましょう。もちろん領収書も受けとってください。

遺品整理のプロはここが知りたい

遺品整理をプロにお願いするのですから、要望を完璧に聞いてもらいたいものですよね。そこで遺品整理のプロに「**こういう依頼主とは仕事がしやすい**」というポイントをまとめましたので、是非参考にしてください。

◎何をして欲しいのかが、より具体的である

業者に依頼する際の最大のポイントは、**「何を、どう、どこまでして欲しいのか？」を具体的に詳しく伝えること。**ハウスクリーニングまで頼んでいないのに、ハウスクリーニングを勝手にしてお金を請求されたり、本当は探して欲しい大切なものがあったのに、言うのを忘れてしまったり……などということがあると、のちにトラブルに発展する恐れも。

ある業者は、「お客様から、大切な手紙がどこか本の間に挟まっているので、探して欲しい」という要望を受け、作業員3人で数時間かけて何千冊もの本を1冊ずつ確認して見つけたのだそうです。

依頼者側が「恥ずかしくて聞きづらい」ことであっても、親身になって耳を傾けるのが、本当の遺品整理士です。困ったことや、見つからない大切なものがあったら、是非相談してみましょう。

◎細かく質問してくれる

見積もりの段階で、どんなに小さなことでも不明な点があったら、どんどん業者に質問することが大切です。見積もりの明細のわからない部分や、具体的にどういう作業をするのか？　作業の間、自分はどうしたらいいのか？　作業前に実は身内に話せない困っていることがあるのだけど、対応してくれるか？　など、どんな些細なことでも構いません。その受け答えと対処法によって、遺品整理士の実力や誠意を見きわめることもできます。

リサイクルでお金になるもの

遺品整理の際に、リサイクルに出して換金できるものも多数あります。**リサイクルを上手く活用することで、整理にかかるコストを下げる**ことができます。換金できるものとして、以下があげられます。

1）貴金属類

貴金属類をリサイクルに出すと、業者はどこを確認するのでしょうか？まず業者は、18金や24金と言われる貴金属や宝飾類を鑑定し、「本物か、偽物か」を見分けます。

指輪やネックレスは、金の市場価格などを参考に、金が含まれる含有率などから、そのものの重量や価値を測って値段を出します。貴金属の買取をやっている業者は、金製品の「比重」を測れる「比重計」やダイヤモンドの真贋を見分ける「ダイヤモンドテスター」を持っています。いずれにせよ、間違った査定をされないように、高価そうな宝飾物は、何社かの見積もりを取ることをお勧めします。

2）貴金属類以外の買取額の相場

ブランド品や電化製品などは、以下を目安に買い取られることが多いようです。参考にしてください。

品目	新品同様	中古品（良品）	中古品
【1】ブランド品	70〜80%	50〜60%	10〜40%
【2】液晶テレビ	60〜70%	40〜60%	30〜40%
【3】冷蔵庫	60〜70%	40〜60%	30〜40%
【4】洗濯機	60〜70%	40〜60%	30〜40%
【5】DVDレコーダー	60〜70%	40〜60%	30〜40%
【6】炊飯器	70〜80%	60〜70%	30〜40%

リサイクル、リユースのメリット

遺品を業者に片づけてもらう際に、是非リサイクルやリユースを有効活用してみましょう。すべて廃棄するのではなく、まだ使えそうなものは再利用できないか相談してみましょう。

リサイクル、リユースのメリットは以下です。

◎環境問題対策へ貢献できる

今、地球全体の課題とも言われるゴミ問題ですが、日本においてもあと10年程で再処理施設がいっぱいになると言われています。

むやみにすべてを処分するのではなく、リサイクル、リユースの仕組みを活用してみてはいかがでしょうか。必要としている方に使ってもらうことで、「極力ゴミを出さない」という環境問題への貢献、循環型社会の形成に少しでも寄与することができます。

◎処分費用が下がることもある

廃棄する量を減らし、リサイクル、リユースに回すことで、費用が軽減されることもあります。もちろん時と場合によってその額は増減がありますが、リサイクル、リユースに回さない場合と比較して、20%~30%負担額が下がることもあるようです。

リサイクル、リユースを行えるのは、「古物商許可」を持っている業者だけです。もし検討されるのであれば、遺品整理士に相談してみましょう。

リサイクル、リユースで需要のある製品一覧

[家電製品の一例]

ブラウン管テレビ、液晶テレビ、冷蔵庫
電子レンジ、掃除機、洗濯機、乾燥機
デスクトップパソコン、ノートパソコン
エアコン、扇風機、ミシン、カメラ
液晶モニター、金庫など

[家電製品以外の一例]

古着、着物、食器、ぬいぐるみ
人形、車椅子、絵本、ベビーカー
おもちゃ、ラジコン、自転車
文房具、鞄、アクセサリーなど

[遺品整理士は見た①]

亡くなってもなお家族に疎《うと》まれて

ある日、地域の不動産屋さんから連絡がありました。生活保護を受けていたひとり暮らしの男性が、1DKのアパートで亡くなったんだけど、足の踏み場もないくらいのゴミが部屋にあると言うんです。その中で亡くなっていた。あとを整理してほしい、と。

亡くなってからどのくらいの期間で発見されたのかわからなかったのですが、腐敗は始まっているだろうと推定されました。私は特殊清掃の資格ももっていますので、防護服、ゴーグル、マスクという完全装備で行ったんです。いやあ、すさまじいゴミ屋敷でした。玄関を開けたとたんに、黒い塊になったハエと、ゴミ袋が同時に降ってくる感じ。臭いもすさまじかった。

その方は49歳。以前は働いていたようですが、体調を崩して退職してからは、なかなか仕事が見つからず、ついに生活保護を受けることになったそうです。連絡がとれなくなって、お母さまとお兄さまが不動産屋に連絡、不動産屋が警察に連絡、みんなで部屋に行ったら亡くなっていた。さすがにお母さまには見せられない状態だったと、あとから聞きました。

部屋をきれいにして大家さんに返却、費用はお兄さまが出すという話で引き受け、すぐにでもと思っていたら、先方から「待った」がかかりました。暑い日が続いていたので気になりましたが、ご遺族が止めているなら、こちらとしてはやりようがありません。1週間後、大家さんから連絡がありました。ご遺族が「遺産相続を放棄」したと弁護士から連絡が来たそうです。つまり、お母さまもお兄さまも、費用は出さないということですね。

なんだか亡くなったご当人が気の毒になりました。おうちは資産家だし、お兄さまも一流企業の役員なんですよ。もちろん、知らないご家族のことをあれこれ言う気はありません。誰にもわからない、いろいろなことがあったのだと思います。それでも、どこか釈然としない思いは残りました。

ただ、そのままにしておくわけにはいきません。最終的に、大家さんがすべて支払うということで、お引き受けしました。

ゴミで埋もれた部屋

最初はまず玄関から片づけようと思ったのですが、ここまでのゴミ屋敷になってしまうと（上写真参照）、玄関からやっていたのでは埒が明かない。とりあえず、ゴミを踏みしめて中に入ることにしました。

「こういうところは、ずぶっと足を取られるから気をつけて」

スタッフに声をかけて入ったのですが、なんと、足を取られないんです。つまり、すでにゴミが踏み固められているんですね。本来の床より50センチ以上、床が高くなっている。下は全部ゴミです。

8畳程の部屋に入ってみると、そのゴミの合間に黒いマットレスのようなものが見える。ここで亡くなったんだと一目でわかりました。黒だから見た目にはわからないけど、体液が染みこんで、マットレスがぐずぐずになっている可能性が高い。ハエもウジ虫もすごかったです。

◆片づけても片づけてもなくならないゴミ

とりあえず、ゴミを重ねて、小さな隙間を作りました。そこに45リットルのゴミ袋を広げて、とにかくゴミを詰め込んでいく。マクドナルドの袋が固まっていたり、カップラーメンのカップがひからびていたりはしましたが、生ゴミ自体はそれほどなかった。小さなレジ袋がたくさん積んであるという状況でしたから、それを大きな袋にまとめていく作業が延々と続きました。

正しくは「ゴミ屋敷」ではないんです。ゴミ屋敷というのは、ゴミを集めてきてしまうこと。ただ、その部屋の主は、何もかも捨てられなかっただけ。具合が悪くて捨てられなかったのか、あるいはもう、生きていること自体に絶望していたのか……。

きれいな部屋で暮らしたいというのは、ある意味で「希望」なんですよね。自分にも、人生にも何らかの希望があるから、人は少しでも快適なところで過ごそうとする。だけど、すべての希望が絶たれると、ゴミを捨てる意欲さえなくなるのかもしれない。いろいろなことを考えさせられました。

ただ、実際には、やってもやってもゴミがなくならないんです。一時は、本当に全部片づけられるのかと、かなり絶望的な気分にもなりました。しかも、部屋の空気がなんだか重くてね。

「きれいにしますからね、安心してくださいね」

亡くなった方に、心の中で声をかけながら、ひたすら作業に没頭しました。

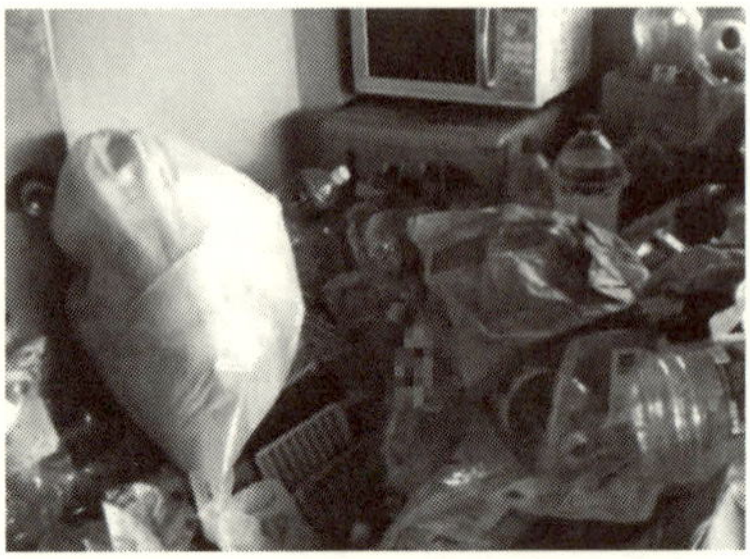
無数のペットボトルが散乱している

いちばん困ったのは、実はペットボトルです。3畳ほどの台所からバスルーム、トイレまで、ペットボトルの山なんです（上写真）。1000本じゃきかなかったんじゃないでしょうか。ペットボトルはフタを別にして、しかも潰さなくてはかさばるでしょう？　ある程度、部屋の床が見えてきた段階で、今度はペットボトルを全部まとめようということになりました。ひとりがフタを開けて、あとは私がひたすら踏みつぶしていく。ペットボトル処理に、ものすごく時間がかかりましたね。

◆過去の人生が見えてくる

だんだん片づけが進んでいくと、その方の元気だったころが見えてくるんです。その方はプラモデルが好きだったようで、ゴミの下から、未開封のプラモデルの箱がたくさん出てきました。いつか作ろうと思ってためていたんでしょうか。ギターや楽譜も出てきました。元気で働いていたころは、弾いてらっしゃったんでしょうね。

診察券とともに、薬も大量に出てきました。心臓が悪かったようで、精神科にも通っていたようです。免許証、履歴書も。ただ、私は最後まで不思議だなと思っていたことがありました。ひとり住まいなのにテレビがない。そして、お金が5円、10円の小銭しかない。財布、銀行通帳、携帯もありませんでした。

ゴミを片づけて窓が開けられるようになった

あとからわかったんですが、私たちが片づけに入る前に、ご遺族だけで立ち入ったことがあるそうです。持ち出したのかもしれませんね。もちろん、私がとやかく言うような話ではありませんが。

最終的に、1DKを片づけるのに4日かかりました。通常だったら1日でできる広さです（右ページ写真）。

遺品整理は、最後、どんなふうに亡くなろうが、その方の「生きてきた道」が見えます。私たちはそこに敬意を払い、丁寧に片づけます。いろいろせつない話もあるんです。ご遺族から、遺骨を引き取りたくないと言われることもあります。

この１ＤＫの部屋を整理したあと、スタッフの何人かが調子が悪くなってしまったんです。かなり壮絶な現場でしたから。そこで、スタッフ全員と神社へ行き、お祓いをしてもらいました。亡くなった方のご冥福を祈るとともに、私たちも、ますます丁寧な遺品整理を心がけようと意識を新たにしたつもりです。■

[遺品整理士は見た②]

前の引っ越し時のダンボールもそのままで

孤独死、孤立死の問題が叫ばれて久しいですが、私もゴミだらけの部屋を片づけたことがあります。50代の女性でした。生活保護を受けていて、結局、施設に入られたので、市から依頼を受けて片づけにうかがいました。

２ＬＤＫで、玄関からゴミだらけ。ただ、部屋へ行く道だけは空けてある。そこをたどっていくと、部屋は段ボールだらけ。引っ越してきたままになっているんですね。荷物を開けてすらいない。さらにその前の引っ越しの時ののだろうと思われる段ボールも大量にありました。業者の名前を見ると、２度前の引っ越しは、それなりに裕福だったんだろうなとわかるんです。

ベッドの上も大量のゴミでいっぱいでしたが、腰掛ける場所だけは空けてありました。横にならずに、ここに座って寝ていたんだろうか、あるいは丸まって寝ていたんだろうかと考えると、せつなくなりました。最後は体がきかなくなっていたんでしょうか。おむつが支給されていたようで、使用済みのおむつも散乱していました。

だけど、荷物を片づけていくうちに、かつては華やかな生活を送っていたということがわかってきます。都心に住んでいらした時期も長かったようで、社交ダンスをされていたのか、きらびやかな洋服が段ボールからたくさん出てきました。普通の洋服も、ブランドものがずらりと……。昔の写真もありましたが、とてもおきれいな方でした。

どんな人生を送ってこうなったのかわかりません。でも、あらゆる人生が、他人事じゃないと痛感させられます。■

[遺品整理士は見た③]

ご遺族の気持ちを受け止めつつ片づける

奥さんが亡くなられて、ご主人からの依頼がありました。3LDKから2LDKへの引っ越しを兼ねて整理してほしいということです。ご主人、ちょっとぶっきらぼうな方ですが、奥さんをこよなく愛していらしたようです。

40代くらいの娘さんが立ち会ってくれました。整理をしている間にも、父と娘が「これは捨てる、捨てない」で喧嘩を始めたりして。

お母さまの引き出しを開けたら、娘さんが赤ちゃんのときにしていたよだれかけが出てきたんです。それを見て、娘さんが号泣。お父さんも目を赤くされていましたね。ああ、この家は、お母さんが中心になって回っていたんだろうなあと強く思いました。

亡くなった方へのご主人と娘さんの思いはそれぞれなんですが、ふたりとも思いは強い。だから1日で終わるはずが4日かかりました。でも、こういう場合は本当に丁寧に、みなさんの思いを一つ一つ受け止めるようにして整理したほうがいいと、私は思っています。

そのお宅とはすっかり仲良くなりまして、仕事が終わってからも、ときどき連絡をとっています。

ご主人は、奥さんの遺骨と別れるのが寂しくて、四十九日がすんでも納骨ができないんだそうです。娘さんは早くしたいようでしたが、ご主人の気持ちも大事にしないと。「それはそれで、気持ちが落ち着かれてからでいいと思いますよ」と言いました。

家に踏み込むというのは、その一家のありよう、家族の人生を見てしまうこと。遺品整理をするのは、亡くなった方と残った方の人生に踏み込んでしまうこと。

そう思いながら、日々、真摯に遺品整理と向き合っています。■

[遺品整理士は見た④]

20代で餓死する時代

あるとき、１Ｋのアパートで女性が亡くなっており、その遺品整理を頼まれました。死因は餓死。20代の女性です。

家族とはずっと音信不通だったようですね。家賃を滞納したことから大家さんが訪ねてみたら、中で亡くなっていました。ただね、その女性、部屋の中にいろいろなものを集めていたんですよ。いわゆるゴミ屋敷。壊れた看板だとか、ゴミとして捨てられていたらしい雑誌類とか。なんのためにそういうものを集めてきていたんでしょう。

不況が続いて、仕事が見つからなかったのかもしれませんね。実際、週の食費が１０００円なんていう人もいる時代。貧困で餓死する若い人がいるなんて、たまらない気持ちになります。一度、貧困に陥ると、人と関わりたくないからひきこもりがちになる、そうすると情報も遮断されてしまうという悪循環が始まるんですね。
福祉に相談すれば、いや、福祉までいかなくても大家さんに相談していれば、何か道が開けたかもしれない。「助けて」と言える環境を作らなくてはいけないし、助けの手を差し伸べる人も増えてほしい。

この仕事はきれいごとばかりではいきません。社会の縮図を見たような気になることも多々あります。気持ちが落ち込むこともありますが、それでも少しでも世の中の役に立てればとがんばるしかないんです。■

第四章

失敗しない業者の選びかた

今、日本は高齢化社会に入り、今後はますます高齢化が加速すると言われています。２０３０年になると、実に３人に１人以上が65歳以上という「超高齢化社会」が到来すると予測されています。さらに核家族化も進み、孤立死するお年寄りも増加。そんな背景もあって、遺品整理を仕事にする業者は、急激に増加しているのです。

しかし、現時点では遺品整理の仕事に関する法律の整備やガイドラインがほとんど整っておらず、ご遺族を騙したり、不正なことをしたりする業者が数多くいるのも事実。本章では、過去に約1万人の優良な遺品整理士を世の中に送り出して来た立場から、失敗しない遺品整理業者の見分け方を皆さんにお伝えしたいと思います。

こんな業者には気をつけて！

遺品整理業界の健全化を目指し、私が遺品整理士認定協会を創設してから、いつも心を痛めていることが、**適正業務を行わない悪徳業者があまりに多い**ということ。依頼されるご遺族の心情を無視するどころか、法律に反するようなことを平気で行う業者もいます。またご遺族とのトラブルも後を絶ちません。

ここでは、実際にあった例をいくつか紹介したいと思います。

◎見積もりのときと金額が違う

遺品整理業者とご遺族の間でのいちばん多いトラブルのひとつが、「**見積もりと違う値段を、作業終了後に請求される**」ことです。

業者から出て来た見積もりが、**極端に安い場合は要注意**です。親の家や部屋がどのぐらいの相場で片づけられるのかを知るために、**何社か見積もりを取ることをお勧めします。**それもこのトラブルを避け

るために大事なことだからです。２社ぐらいから見積もりを取り、その平均相場から極端に低い業者があったら要注意。「あら、この会社ずいぶん安いのね、ここにお願いしようかしら」と安易に手を出すとトラブルの元です。片づけた後に「予想以上にゴミが多かった」「見積もりには書いていないが、打ち合わせの段階で口頭で説明した」などと言い、見積もりの２倍、３倍を請求してくる業者も少なくありません。

「父は母に先立たれて、一軒家から２ＤＫのマンションに移り住みました。父はそこで10年、ひとり暮らしを貫き、90歳で亡くなったんです。分譲ですから、そこはとりあえず人に貸すことにし、そのために家の中を片づけることにしました。ただ、空っぽにしないと人には貸せませんから、結局、業者に頼んだんです。

見積もりでは20万ということでしたが、実際には35万円を請求されました。そんなに開きがあるのはおかしいと言ったんですが、現実にやってみたら処分するものが多すぎたとか、手間がかかるようなものばかりだったとか……。そんなの見積もりの段階でわかりそうなものですよね。

それでも文句を言っていたら、『わかりました。じゃあ、すべて部屋の中に戻しますから、20万円払ってください』とすごまれて……。そんなことをされても困るだけ。亡くなった父が悲しむと思い、最終的には払いましたけど、釈然としませんでしたね」（49歳・女性）

こういったトラブルを防ぐために、本来はきめ細かい料金表を作るべきだと、ある遺品整理士は言います。

「うちも目安としての料金はありますが、見積もりの段階で、部屋ごとに細かい料金を出します。玄関いくら、リビングいくら、バスルーム＋洗面所でいくら、というように。大きなものはすべて役所の粗大ゴミの値段に則っていますから、わかりやすいと自負しています。エレベーターがないと高くする業者も多いようですが、うちはそのことで値段は変えない。結局、雑談の中から、業者のポリシーを察することが必要だと思います。見積もりの段階で、アバウトで、だいたいこのくらいの値段と言うような業者には気をつけたほうがいいと思います」

業者の口ぶり、雑談の内容から、信頼できるかどうかを見極めるのはむずかしいことかもしれません。でも、「遺品整理」という仕事に対してどういう気持ちで取り組んでいるのか、そこに真摯な姿勢が見えるか、金儲けの一種としか考えていないのかは、少し話せば片鱗が見えてくるはずです。

そのためにも、いくつかの業者で見積もりをとり、話をすることが必要になります。

また、トラブルになったら、すぐに消費者センターなどに相談しましょう。業者が、「遺品整理士認定協会」の会員であれば、協会に通報することも重要です。

◎確かにあったはずの貴重品がない

これもよくあるトラブルの一つです。遺品整理をしていますと、思わぬところから貴重品が出てくるものです。古い背広の中から数万円のお札。タンスの奥から高そうな指輪などの宝石類。床下収納からお札の束が出てきた、という話も聞いたことがあります。

遺品整理士の資格を持つ社員がいる優良な業者であれば、このようなケースがおきた場合、**ご遺族にどこでどのように見つかったと説明し、お渡しします。**しかし、業者の中には、現金や宝石などが見つかったとしても、**何食わぬ顔をしてポケットにしまい、持ち去ってしまうとい**

う悪質な事例もあるのが現実です。

「10年ほど前のことでしょうか。都内でひとり暮らししていた母が、調子が悪いと言って入院、2週間ほどであっけなく亡くなりました。しばらくはショックが大きくて何も手に着きませんでしたが、家を処分するしかなくなったので、片づけることに。

ただ、つらいんですよね。つらすぎて、何も進まない。1ヶ月以上かけて、ようやく両親の思い出の品を持ち出し、あとは便利屋さんみたいな業者に頼みました。もちろん、私も立ち会いましたが、すべてをきちんと見ていたわけではない。一軒家だったので4人くらい来て、50万くらいかかりましたね。高いのか安いのかもわかりませんでした。

ほぼ整理が終わってからはっと、母が大事にしていた大きな南洋真珠の存在を思い出したんです。母のタンスのどこかにあったはず。うっかりしていたんですよね。もう一度、タンスを見てもらいましたが、ないと言う。タンスの中のものを処分した袋を探そうとしましたが、『もう無理ですよ』とそっけなく言われて、あきらめるしかなかった。

ただ、これ、後日談がありまして。数年後、その業者がどうやら逮捕されたみたいなんです。噂だから真偽のほどは定かではありませんが、ホームページもなくなっているし、私は本当なんだろうと思っています。他の家でも、何か持って行ったりしたんじゃないでしょうか。

私の場合は便利屋でしたけど、友人は遺品整理と謳っている業者に頼んだのに、最初からけっこうぶっきらぼうで、遺品をぞんざいに扱われて途中でやめてもらったそうです。どういう業者なら大丈夫なのかが私たちにはわかりませんから、何を目安に業者を選んだらいいのか、教えてもらいたいです」（55歳・女性）

◎思い出の品が自然を汚す？

遺品整理士の資格を持っている社員がいる優良業者でしたら、遺品整理で処分扱いとなった物は、**その地域の法に基づいて分別、処分**をします。自分で一般廃棄物の許可を持っている業者は自分で、持っていない場合はしかるべき専門業者に委託し、処分します。

しかし中には、廃棄処分費を浮かせるために、**法規制を無視して遺品を山や河原に不法投棄する業者**も存在します。

想像してみてください。あなたのお母さんが使っていたタンスや、毎日使っていた食卓、何十年も大事に使っていた食器棚が不法に山に捨てられている光景を。しかも、極論にはなりますが、あ

なたもその犯罪の一部に加担していた状態になってしまうのです。旅立たれた方はどんな気持ちでしょう?

ただ利益のためだけに、ご遺族の感情を無視し、このようなことを平気で行っている業者が多数のさばっているのも事実なのです。ですから、悪徳業者に騙されないために、くれぐれも慎重になってください。

遺品整理士認定協会にご連絡をいただければ、地元の優良業者を紹介することもできます。


「あるとき、警察から電話がかかってきました。うちが不法投棄をしたというのです。その一ヶ月ほど前、亡くなった祖父の遺品を整理し、廃品回収業者に持って行ってもらったばかりでした。投棄されたものは、大量の薬とビデオ類。祖父は薬を飲み残してはまたもらってくることを繰り返していたので、大量に薬があったんです。業者は、『これはうちがきちんと処分します』と言ってくれたのに。

ビデオも、祖父が大事にもっていたものですが、もうビデオは見られないので400本ほど持っていってもらったんです。それらが、北関東の山で見つかったらしいのですが、もちろん、僕としてはまったく知らないこと。

薬の袋は祖父の名前が入っていますから別に捨てたつもりだったのですが、中の説明書を捨て忘れて、そこから我が家がわかったようです。

警察に業者のことを言って、電話番号も教えましたが、電話はすでに使われていなかったとのこと。領収書はもらっていないので、それ以上のことはわかりません。僕が不法投棄したわけではないことはわかってもらいましたが、見積もりも領収書も出さないような業者に依頼するなと、警察に厳しく注意されました」（48歳・男性）

◎あきらかにおかしい買取額

部屋を整理していると、高級時計やダイヤの指輪、プラチナのネックレスなど、高額商品が出てくる場合があります。ご遺族の要望により、形見分けで親戚などが持って行かれる場合もありますが、処分してほしいと言われるケースもあります。

その場合、遺品整理士の判断で、**リサイクル業者に査定を依頼**します。信頼できる業者なら、相場から適正価格をご遺族に提示するのですが、中には「これは遺品だから相場よりもかなり安くなりますよ」と、あまりに低い額を提示する悪徳業者もいます。「100万円で買った海外ブランドの時計が、1万円と言われた」、「50万で買ったダイヤの指輪が3000円と査定された」などの話は多く耳にします。

「同居していた姑の遺品を整理していたら、ネックレスやブレスレットがかなりの量、出てきました。そういえば姑は金やプラチナが好きだったんです。でも私はあまり好きじゃないし、売ってしまってもいいかしらと思っていました。そんなとき、偶然、宝石鑑定士という人が来たんですよね。宝石はあまりな

いけど金やプラチナなら、という話をしたら、ぜひ鑑定したい、鑑定料は無料だ、と。見せると、『ものは悪くないけど、やはりデザインが古いですね』などと言われて。他の業者にも見せたかったので、じゃあいいわと言ったら、ネックスレス４本をぱっとつかんで、『これで３万円』とにらみつけられました。絶対に離さないという勢いが怖くなって、２本だけならと言ってしまったんです。その人は１万円置いて帰っていきました。あとから考えたら、明細書もくれなかった。

夫に言うと、『金は重さで買うんだぞ。デザインが古いとかなんとかは関係ないだろ。名刺をもらったんなら電話してみよう』と電話をしてくれましたが、つながりませんでした。騙されたんですね、私。きちんとしたお店に持ち込めばよかった。高い授業料を払いました」（49歳・女性）

このような悪徳業者との数々の事例を通して、私がいちばん心を痛めているのが、「相手が高齢者や女性だから、強く出られないだろう」と、**弱みに付け**

込み、利益だけを追求する業者がはびこっているという現実です。

遺品整理の需要が増える中で、ご遺族の立場に寄り添って、「正しい」遺品整理をする業者を増やしていきたい。私はその思いで遺品整理士認定協会を作りました。そして依頼者が安心して任せられる優良な「遺品整理士」を数多く輩出してきました。だからみなさん、**本書で推薦している業者の方には、どうぞ安心して依頼してください。**

当協会では、「遺品整理士」の資格を取った方には、合格通知と一緒に同意書にサインを頂いております。その同意書とは**「遺品整理士の名誉を汚さない、恥ずべき行為をしない。もしそのようなことをした場合、すぐに資格を剥奪します」**という内容です。

もしご遺族が不快だったと苦情があった場合、当協会ではその事実を調べます。事実であれば、その業者の資格剥奪もあるのです。

遺品整理士の資格を取った方には、そのプライドを誇りに、ご遺族の心情にしっかり向き合った仕事をしてください、と伝えています。そして当協会は、優良な遺品整理士を輩出している誇りも持っています。
実際、当協会から紹介した業者への感謝の言葉をいただくこともよくあります。そんなとき、心の底からよかったと、ほっとするんです。

この章で悪質な実例をとりあげたのは、本書を読んでいる皆様に、このような悪徳業者が実際に存在することを知って頂きたかったからです。正しい予備知識を持った上で、優良な遺品整理士を選び、**旅立たれた方からも感謝されるような整理ができるよう、強く願っているから**です。

この章でとり上げた悪徳業者が一日も早く無くなるよう、心のこもった遺品整理士が一人でも多く輩出できるよう、私自身も真摯に努力を続けていくつもりでおります。

第四章
失敗しない業者の選びかた

[遺品整理士は見た⑤]

心を込めて片づけるということ

75歳のお父様が病院で亡くなり、ひとり暮らしをされていた1DKのマンションを整理したいと、娘さんから依頼がありました。

きれいにお使いになっていて、ゴミ屋敷でもありませんでした。私はお花と花瓶をもってお宅へうかがい、まずはお花をお供えして哀悼の意を表しました。

「面識もないのに、そんなことまでしてくださるんですね」

娘さんはそうおっしゃってくださいます。状況が許す限り、私はいつもそうしています。人がひとり亡くなっていることに対しては敬虔な気持ちにならざるを得ない。

玄関、トイレ、お風呂、台所、居室の順に整理していきます。近所に住んでいらっしゃる娘さんは、一度自宅に戻

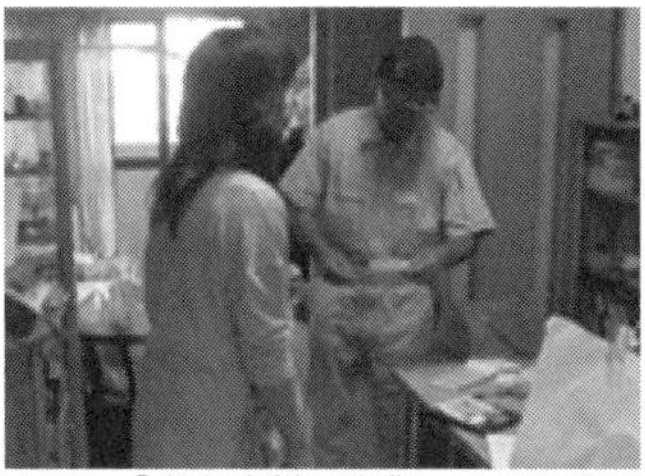

①依頼者様へ作業の説明

②故人様へ手を合わせます

③収納棚を片づけている様子

④遺品一つ一つを丁寧に整理

り、終わる頃にまたいらっしゃいました。私たちを信用してくださったのでしょう。

特に処分に困るものもなく、二人で片づけて3時間ほどで終わりました。2トントラック1台分です。娘さんとも良好な関係だったらしいお父さんのご冥福を心から祈りながら片づけていきました。

最後にもう一度、故人のお写真に向かって、無事に片づきましたよとご報告させてもらいました。

今まで、いろいろな現場を見てきましたが、どうにもならなくて困り果てたということはありません。なんとかすべて法に則って片づけてきました。

いちばん大事なのは、依頼者の気持ちをくみ取ること。

そして故人の生涯に思いを馳せることではないかと思っています。■

⑤作業完了後の部屋の様子

［遺品整理士に頼んでよかった①］

業者さんが取っておいてくれた母の財布

私の両親は、私が中学のときに離婚しました。父がギャンブルにはまって、経営していた工場を手放さざるを得なくなり、母は私と妹を連れて、実家へと戻ったんです。母が保証人になった借金は数千万だったと思います。

私と妹は、祖父母がめんどうを見てくれました。今思えば、母は水商売や風俗までして、働いていたのではないかと……。でも借金が重かったんでしょうね。２年ほどで、母は行方不明になりました。

高校を出て20歳で結婚、祖父母を看取った後、その家に住むようになりました。妹は結婚せずに仕事をしています。

今から５年ほど前、とある自治体から手紙が来ました。

母が小さなアパートで死んだ、と。大家さんに、祖父母の住所を告げていたようですね。正直言って、「今さら」と思いました。それでも、夫が「お母さんの真意がわかるかもしれないから、とりあえず行ってみよう」と言ってくれて……。

新幹線と在来線を乗り継いで3時間かけて、行ってみました。どうやらアパートの部屋でひとりで亡くなっていたようです。大家さんには迷惑をかけました。

母の部屋に入っても、私には特に感慨もわいてこなかった。ただただ、大家さんに申し訳ない気持ちばかり。すぐにきれいにしてお返しします、と、その場でみんなで探して遺品整理をしてくれる業者に頼みました。

何度も行ったり来たりするのは大変なので、翌日、来てほしいと言うと、その方はすぐに来て見積もりしてくれて。

何か不穏な空気を察したのでしょうか。よけいなおしゃべりはせず、翌朝、3人でやってきてきれいに片づけてくれました。

「何もいりません。すべて捨ててください」

私はそれだけ言って、夕方まで外にいました。夫が立ち会ってくれていたので……。

夕方、戻ってみると、荷物はきれいに搬出されていて、畳もきれいになっていました。とても早い仕事ぶりに驚いていると、

「これだけ、置いていきます」

と業者さん。最後に、母の骨壺に丁寧に手を合わせて帰

っていきました。

業者さんが置いていった菓子折り程度の大きさの箱には、母がもっていた、私と妹と3人で撮った写真、母の財布、通帳と印鑑、手紙が一通入っていました。通帳には三百万円の預金があり、手紙には私と妹への謝罪の言葉がつらねてありました。

◆母への思いは複雑だけれど

祖父母は、自分たちの娘が捨てた私と妹を育てるために苦労しました。それを考えると、母のことはどうしても許せない。だけど、母は母で苦しんでいたことだけはわかりました。

すべて捨てていいとは言ったものの、写真と財布を取っておいてくれたのは業者さんのファインプレーかもしれません。写真の裏には、私と妹の名前が、母の手書きで入っていました。さらに、ぼろぼろになった財布には、私が小学生のときにあげた、「肩たたき券」があったんです。確か、母の日に画用紙を切ってサインペンで書き、作ったもの。これをずっと持っていたのかと、初めて涙がこぼれました。

母はまだ65歳でした。私たちを捨てたあと、どういう生活をしていたのかは、まったくわかりません。知ろうとも思わない。だけど、業者さんがとっておいてくれた写真と財布は、今も私の手元にあります。

母の残してくれたお金は、妹とふたりで分けました。ひとり150万です。祖父母と母が入るお墓を建てようかと思いましたが、決断できずにいます。

亡くなって5年がたち、私もだいぶ気持ちが落ち着いてきました。母が、おそらく爪に火をともすようにして貯めたお金でしょう。何に使うか、これからゆっくり考えたいと思っています。■

[遺品整理士に頼んでよかった②]

信頼できるプロとの出会い

実は、親の遺品整理を始めたのは父の一周忌が過ぎてから。母はすでに亡くなっており、父はひとり暮らしでした。晩年はヘルパーさんを頼んでいました。

長男である私は、電車で1時間半ほどのところに家庭をもっています。妹はもっと遠いところにいますし、引き取れる状況ではありません。私は何度も一緒に暮らそうと言いましたが、頑固な父は、私たちに迷惑をかけたくなかったのだと思います。正直、私自身も父と暮らす自信がなかったので、「父の意志でひとりで住んでいるんだ」と思い込もうとしていたのかもしれません。

ある日、実家の近所の方から連絡があって、父が救急車で運ばれた、と。あわてて駆けつけましたが、すでに家で倒れて心肺停止、病院で死亡が確認されたということでした。ショックだった。いつかこんなことになるんじゃないかと思いながら、私は見て見ぬふりをしていたのだと痛感しました。ひとりで倒れ、近所の人に通報された父、誰にもきちんと最期を看取られなかった父……。85歳でした。

なんとか四十九日をすませました。妹が、父の大事にしていた書道の道具を持って帰りました。

「たまには家の空気を入れ換えてね。誰もいない家は物騒だから」

妹にそう言われましたが、なかなか足を向けることができなかった。3ヶ月ほどたったとき、行ってみましたが、庭の雑草は伸び放題、ライフラインは止めてしまったので家の中は薄暗く、あらゆるものに埃がたまっています。気分が落ち込んで、すぐにカギを閉めて立ち去りました。

一周忌を終えたとき、妹にも促されて、ようやく家を整理する気になりました。まずは玄関脇の父の部屋へ。釣りが趣味だった父は、たくさんの釣り竿を持っています。私は釣りはやらない。これは父の釣り仲間に差し上げたいと思いました。

父は比較的、整理整頓をしていたようですが、それでもなんのために取ってあるのかわからないものがたくさんありました。空箱とか空き缶とか。釣りに使うつもりだったのでしょうか。

あとはとんでもない量の本、クラシック音楽のレコード。机の引き出しを開けてみると、日記が入っていました。10年日記をまめにつけていたようです。3冊ありました。

近いものから読んでみると、体調不良の話がたくさん。私も週に何度かは電話をしていましたが、父が具合が悪いと訴えたことは一度もありません。ひとりで体調の悪さと闘っていたのでしょうか。

気持ちが沈んでしまい、リビングへ行ってみると、父がいつも座っていたところにある箱の中には、大量の薬がありました。調子が悪いのに薬を飲んでいなかったのか、あるいは処方されてすぐに倒れてしまったのか……。私には何もわからなかった。

週末だけ通うこと1ヶ月。結局、ほとんど何も整理できませんでした。気持ちだけがどんどん落ち込んでいく。妻や妹にも話し、遺品整理のプロに頼むことにしました。

見積もりに立ち会ったとき、その遺品整理士さんに、自分ではどうにもできないことを話したんです。同世代の男性でしたが、

「わかります。私もオヤジを亡くしたとき、つらかったです。ろくに話もしなかったし、決していい親子関係ではなかったけど、それでも、いや、それだからこそつらいということもあります」

と目を潤ませたんですよね。

ああ、この人なら信頼できるなと思いました。見積もりも、かなり細かく出してくれました。その方が、もう一件、見積もりをとったほうがいいですよと言ってくれたのですが、納得できる料金だったので、「あなたにやっていただきたい」と告げました。

一軒家でしたが、次の週末、1日でもできるが、もし遺品をゆっくり見たいのであれば2日間で、ということでしたので、2日間でお願いしました。急かされたくなかったんです。

比較的、ゆっくりやって遺品も丁寧に見て、でも2日できれいになりました。4人で来てくれて、家具などの運び出しは早かったですね。

最後に、遺品整理士さんと握手しました。なぜか握手したかったんです。彼は、「私、自分の父の遺品を整理しているような気持ちになりました。ありがとうございました」と言ってくれました。

それから3ヶ月くらいたったとき、その方から連絡があったんです。

「実は、あのとき取っておくか捨てるか迷われていたものを、ダンボール一箱におさめて倉庫に置いてあるんです。このまま捨ててよければ廃棄しますが、お手元に置きたければお送りしますよ」

私が迷ったのは、両親が若かったころのアルバムと父の洋服、大事にしていた靴などでした。ダンボール一つなら、家に置いておける。それにしても、取っておいてくれたとは……。感心しました。

届いたダンボールには、遺品整理士さんからの簡単な説明の手紙も入っていました。彼によって、私はかなり心も整理できた。あのとき巡り会えて、本当によかったと思っています。（54歳・男性）■

第五章

片づけ後に出る問題と対処法

片づけも一通り済みました。さて、これで一安心、と思いますが、まだやることがあります。人が亡くなれば、そこに「相続の問題」が発生します。

「うちは財産なんてないから大丈夫」

なんの根拠もなく、そう思っていませんか？　たとえ数万円であっても、相続は発生します。そして、相続をするか、条件つきでするか、あるいは放棄するかは、基本的には３ヶ月以内に決めなければいけません。

相続の種類は？　困ることはなに？

親が亡くなって通夜や葬儀をすませ、位牌や埋葬、お墓はどうするかを決め、四十九日を迎えて、残された家族はようやく一段落します。改めて悲しみが押し寄せるのもこの時期。でも、ここから1ヶ月半で、相続をどうするか、決めていかなければならないのです。

◎相続の三つの種類

相続には、**単純承認、限定承認、相続放棄**の三つがあります。

①単純承認

3ヶ月以内に、限定承認や相続放棄などの手続きをしなければ、原則として単純承認の意思表示があるとみなされます。つまり、「相続します」と同じ意味。

この「相続します」の内容は、現金や不動産などのプラスの財産はもちろんですが、借金（保証人としての債務も含む）などマイナスの財産も引き継ぐことを意味します。

また、遺産に手をつけたとしたら単純承認したものとされます。

親の遺産を処分するのはもちろんのこと、お葬式費用のために親の預金を引き出して支払ったりすると、相続を単純承認したものとみなされることもあります。

②限定承認

これは、故人に隠れた借金などがあるかもしれないと考えられる場合、相続財産の範囲内でのみ、その債務も引き継ぐというものです。ただ、まったく負債がわからないままに承認するわけにもいきませんから、期限内に、借金がどのくらいあるのかをできる限り調べておく必要があります。

この限定承認は相続人全員で家庭裁判所に申し出なければいけません。

③相続放棄

文字通り、相続を一切放棄することです。遺産は一銭も貰わない代わりに、借金などの債務なども一切引き継がないことを意味します。親の借金が莫大だった場合は、この方法がよさそうです。

これは前述の限定承認と異なり、各相続人が単独で家庭裁判所に申し出ることで手続きは完了です。

一般的には、なにもせずにいる、あるいは相続するつもりでいることから、単純承認となるケースが多いようです。

遺品整理の場合でも、**遺言書の存在の有無を確認することは非常に大事**です。遺言書が出てきた場合には、遺品整理や相続のありようも大きく変わってくるからです。

◎相続の手続きのためにまずやること

相続の手続きを進めるためには、まず**親の財産を調べなくてはなりません。**財産には、不動産、貴金属、宝飾品、美術品、骨董品などを始め、もちろん預貯金も含まれます。銀行の通帳やカードなどをまず確認しましょう。カードで引き出している場合は、通帳の残高と実際の残高が異なることもありますので、口座がある銀行に出向く必要も出てきます。

また、金融機関によっては、**親の死亡を届け出た時点で口座が凍結される**こともあります。これは相続人たちのうちのひとりが預貯金を引き出して、のちにトラブルになるケースが多いからです。凍結を解除するには相続を確定し、金融機関に必要書類を提出しなければならないのです。ですから、スムーズに相続手続きをおこなうためにも、できる限り、親が生きている間に、預貯金を把握しておきたいものです。

◎不動産の相続方法

不動産の相続には、二つの方法があります。一つは親が所有していた家や土地を処分してお金に換え、きょうだいなどの相続人で分ける方法。そしてもう一つは、誰かひとりが不動産を受け継いで、他の相続人には相応の金銭を支払う方法です。

家は長男が継ぎ、預貯金はあとのきょうだいで分けるという話もよく聞きますよね。ただし、家の価値に対して、預貯金が少ない場合は、きょうだいで揉めることもあるようです。

「うちもこれは揉めました。私は3人姉妹の真ん中。姉は両親と一緒に住んでいたので家をもらい、妹は結婚するときに家を建ててもらった。だけど私は、早くから自活していて、親からほとんど何ももらっていない。なのに姉が言うには、預貯金が少なくてこれしか分けられない、と百万円だけぽんと出してきたんです。実家は少なく見積もっても、家と土地で数千万はするはず。妹も大抗議しましたが、私に言わせれば、妹の家だって親が１０００万くらい出してる。私だけが割りを食った感じです」（45歳・女性）

「きょうだいは他人の始まりですよね。母は兄一家と実家で同居していたけど、いつも『私だけごはんも一緒じゃないんだよ』と愚痴っていたんです。義姉とも折り合いが悪かったみたいで。だからよく、私が自宅に母を呼んでいた。

ただ、私も再婚の身の上だったので、母は夫に遠慮していてね。夫が出張の多い仕事なので、そのときはいつもウチに来ていました。なのに母が亡くなったら、兄は『預貯金はほとんどない』の一点張り。母が私にくれると約束していた、父からのプレゼントであるダイヤの指輪も『ない』と言い張る。

頭に来て、弁護士を立てて闘いましたよ。調停、裁判も辞さないと思っていたけど、義姉が、母の入院中にかなり現金を下ろしていたことがわかり、それなりのお金と母のダイヤを手にすることができました。だけど、最後に、『お

まえは結局、金目当てだったのか』と兄に言われて、本当に悔しかった。金目当てだったわけではないんです。ただ、母を大事にしてくれなかった兄夫婦が、全部もっていくのが許せなかった。それ以来、兄とは断絶です」（50歳・女性）

親がいなくなると同時に、きょうだいの争いが勃発。親としても本意ではないでしょうが、親の死はきょうだいの関係を改めて見直す時期になるのかもしれません。

親の家、どうする？

遺品整理や相続の手続きが終わったら、**不動産の名義変更（相続登記）**をしましょう。これを行わないままにしておくと、不動産を売却できません。そのため、一度、相続人名義に変更しておかなければならないのです。

◎トラブル回避のために、必ず名義変更を

名義変更がされていないと、他の相続人の同意なしに建物を取り壊すことができません。賃貸物件にしようとしても、他の相続人の同意が必要となります。ですから、家と土地をどうしようかと考える前に、まず名義変更が必要となります。

相続登記はすぐにしなければいけないわけではありませんが、時間の経過ごとに権利関係が複雑になります。相続登記は相続関係人全員の実印・署名が必要ですので、時間がたってしまうと、あちこちに住んでいる相続人のところを回って書類を整えなければならないかもしれません。

実際、前の相続さえきちんとしていなかった、というケースも少なくないのです。父親が亡くなり、のちに母親が亡くなった場合、調べてみたら、登記はいまだ父親名義だったとか、中には祖父の名義のままだったという場合もあります。こうなると、手続きは非常に煩雑。めんどうだからと、つい放置しがち

ですが、家を売るにしろ貸すにしろ、早めに相続登記をすませましょう。

◎相続登記をした後は？

相続登記をしました。となると次に出てくるのが、その家をどうするかという問題です。賃貸であればきれいにして返せば終わりですが、分譲マンション、持ち家の場合は、持ち続けていることで必ずしもメリットがあるとは限りません。最終的には、

①子どもたちのうちの誰かが住む
②賃貸物件にして、家賃収入を得る
③売却処分してお金に換える

この三つしか方法がありません。

次に、持ち家をそのままにしておくデメリットを挙げてみましょう。

①台風、地震、火災などで倒壊すると近所に迷惑をかける
②庭の雑草や木の枝が伸びたり、瓦が落ちて迷惑をかける
③人がいない家は傷みが激しい。雨漏りで家が腐ることも
④不審火の危険性が高まる
⑤空き家だとわかると、ゴミなどを不法投棄される

つまり、空き家のままにしておいていいことは、ほとんどありません。しかも、**税制が変わ**

り、固定資産税は更地の6倍かかります。

住むか貸すか、あるいは売るか。これもまた悩むところですが、まずはどういう条件の家なのかを客観的に考えましょう。築何年なのか、立地条件はどうか（駅から近いのか、交通の便はいいのか）、などです。不動産業者に相談してみてもいいと思います。ただし、不動産業者も1軒で簡単に信用してはいけません。数社に見積もりをとります。もし迷っているなら、

①賃貸にしたら家賃はいくら？
②賃貸にするためのリフォームはいくら？
③売却するとしたらいくら？

こういった価格を明確に出してもらいましょう。とはいえ、自宅が親の家から遠いと、行くことさえ大変なものですよね。

「私は関東に住んでいて、親の家は九州。私はひとりっ子だし、もう親戚もいません。実家から、大事なものだけは持ち出して保管してありますが、あとは固定資産税を払っているだけ。完全に空き家です。年に1回は行くようにしていましたが、最近はそれもままならない。面倒なことは先送りしているような状態ですね。一時期は、定年になったら、実家に住んでもいいなと思っていたんですが、もう荒れていて住めないでしょうね。親が死んで10年、そろそろけじめをつけたいのですが」(55歳・男性)

こういった人はとても多いようです。仕事をもっていながら、遠方の実家を処分するのは、本当に大変です。ただ、そうこうしているうちに当事者が亡くなり、そのうち、所有者がわからなくなって空き家問題が発生するのです。

親の死への向き合い方

親と折り合いが悪かった人も、親への思い入れが強い人も、いつかは親を見送る立場になります。

◎ありのままを受け入れるということ

若いころから親と折り合いが悪く、大学に入ると同時に家を出た知り合いがいます。20代後半で結婚して家庭をもち、子どもができ、それでもまだ両親ともにしっくりとはこなかったようです。同じ県内に住みながら、会うのはせいぜい年に数回。そのうち、お父様が亡くなりました。そのとき、本当は「一緒に住もうか」とお母様に言おうかと考えたそう。

ただ、そうすると妻が大変な思いをすることもわかっていたし、今さら一緒にも住めないと考え、言わずにいたのです。お母様はある日、ひとり暮らしの自宅で亡くなっていました。見つけたのは近所の方だったそうです。

彼は45歳、お母さまは70歳でした。彼はその後、後悔の念に苛まれました。一緒に住もうと言わないまでも、もうちょっと連絡を密にすればよかった。せめて子どもたちに、近くに行ったらおばあちゃんの様子を見てこいよ、くらいのことは言っておけばよかった。

どんなに後悔しても、亡くなった方は戻ってきません。彼は遺品を整理しながら、自分を思う両親の気持ちをひしひしと感じ、涙が止まらなかったと言います。

その後、あまりに後悔の念が強かったのか、年齢的なものもあったのか、彼は鬱々とするようになりました。投薬を受けながら仕事をしていましたが、心身ともにどうにもならなくなり、ついに休職。

しばらく自宅でのんびりしていましたが、少しよくなってくると、今度は「仕事をすることができない自分」にいらだつ日々。そんなとき、ずっとそばで彼を見てきた奥さんが、こう言ったそうです。

「一緒にお父さんとお母さんのお墓参りに行こうか」


ふたりで墓参りに出かけ、奥さんはお寺に挨拶してくると、彼をひとりにしました。

「両親のお墓の前にいてあれこれ考えていたら、さあっと一陣の風が吹いたんです。あ、と思ったら、どこから飛んできたのか、チョウチョが2羽、お墓のてっぺんに止まってた。そのとき、ああ、両親が見ていてくれるんだなと思いました。本当は全部偶然かもしれない。親とは折り合いが悪いと思っていたし、ちっとも優しいことを言って

やれなかったけど、親はそれでも僕を愛してくれていたんだ。そんなふうに感じてね。自分も親になってわかったけど、子どもがどうあろうと、親は子どもの幸せを願っている。父はそれをうまく言葉にできなかっただけだろうし、母は僕に迷惑をかけまいとして、一生懸命ひとりで暮らしていたんだろう。僕もいずれあの世に行く。そうしたら会えるね、と心の中で話しかけました」

その日を境に、彼の鬱は少しずつよくなっていったそうです。

親子が100組いれば、おそらくその思いは両親それぞれと子ども合わせて300通りあるのだと思います。それぞれがいろいろなことを考え、違う表現をする。もしかしたら、虐待されて育った人もいるかもしれない。親に育ててもらえず、亡くなってからの再会になった人もいるかもしれない。

親子だからうまくいくものだ、などとは思いません。いろいろな葛藤がある関係も多いでしょう。その葛藤は葛藤として、それぞれが受け止めていくしかないのだと思います。**亡くなったからといって、複雑な思いが消えるわけでも**

ありませんし、いい子でいようとがんばる必要もないのではないでしょうか。

事実を、そして自分の気持ちをありのままに自分自身で認める。それが亡くなった親とのいい距離の取り方なのかもしれません。

遺品整理士の心

遺品整理士は、「ものを片づける」だけが仕事ではありません。結果はそうであっても、その過程で故人への敬意を抱き、その人生に寄り添う気持ちをもっていなくてはいけないと私は感じています。

人の一生を垣間見ることになるのです。それがひいては自分の成長にもつながる。いえ、つなげなくては、この仕事をしている意味がありません。

遺品整理士の中には、仕事を続けていくうちに、地域のコミュニティの重要さに目覚め、ボランティアを始める人がいます。また、以前、整理をさせていただいた一家と家族ぐるみで長いつきあいをしている人もいます。老老介護でお母さまを亡くした方のことが気になり、定期的に電話で連絡をとっている人もいます。

事務的に「仕事」で終わらせることが目的ではないのです。誰かの役に立つ、少しでもその方の心の負担を軽減させる。それが仕事以外の重要な目的になり得るのだと思います。

◎お母さんの思い出

こんな話を聞いたことがあります。都内近郊に住むミエコさん（40歳）から聞いた話です。彼女は、お母さんが35歳、お父さんが40歳のときの初めての子。年子で弟、5年後に妹が生まれました。当時としては、ご両親が晩婚だったようです。

一家は二間の小さなアパートに住んでいました。決して裕福ではなかったけれど、家族5人、いつも笑いの絶えない家庭だったそうです。ところがミエコさんが13歳のとき、お父さんが急死。生活に困ったお母さんは弟を、子どもがいなかった自分の妹夫婦に託しました。

「だけどそこから私たちきょうだいは、それぞれが大変な思いをすることになったんです」

お母さんは、朝から晩まで働き続けます。中学生になったばかりのミエコさんは、5歳離れた小学生の妹の面倒を見ました。でも妹は、お母さん恋しさに泣いてばかりいたそうです。一方、弟は自分だけが親戚とはいえ、別の家に預けられたことで、中学生に入ったころから悪い仲間とつるむようになりました。

ミエコさんは公立高校に入学、年齢を隠して夜のバイトを始めます。家計を助けたい一心だったのですが、これで寂しがり屋の妹が今度は荒れるようになりました。母親に罵声を浴びせることもあり、そのたびにミエコさんが妹を泣きながら制しました。ひっぱたいたこともあるそうです。

そんな中でもミエコさんは奨学金をもらいながら大学を卒業、誰もが知っている有名企業に就職しました。母親は泣いて喜んでくれたそうです。

「少しゆっくりして。仕事は一つにして大丈夫だから」

ミエコさんがそう言ったにもかかわらず、母は朝から晩まで仕事を掛け持ちして働き続けました。

「最初の給料で、母にきれいなワンピースを買ってあげたんです。ボーナスが出たら、そのワンピースを着てもらって妹と弟も連れて、近場の温泉に行こうと話していました。弟は高校を中退して一時期、家出を繰り返したりもしていたけど、20歳を機に、母の妹の夫で

ある叔父がやっている植木屋を手伝うようになって、ようやく落ち着いていました。妹は、高校3年を2度やっていましたが、やっと目標が見つかったようで、奨学金をもらって大学に行きたいと。みんなが落ち着いて、これから母親孝行をしようと思っていたんです」

ミエコさんがボーナスをもらう前に、母親は職場で突然倒れ、そのまま還らぬ人となった。子どもたちは、誰も母を看取ることさえできなかったのです。四十九日が過ぎても、子どもたちは呆然としたままだったそうです。母は自分に生命保険をかけていました。子どもたち3人を受取人に指名して。その1000万円は3人で均等に分けました。

「会社員ですから、私は仕事に行っていたし、弟も叔母夫婦に励まされて、なんとか仕事はしていたようです。ただ、妹はまた高校に行かなくなって……。私の目も行き届かず、繁華街で朝まで遊んでばかり。気づいたら、妹は妊娠していました」

母の死から10ヶ月たったところで、ミエコさんは地方への転勤が決まりました。妹はシングルマザーになることを決意。叔母夫婦の元へ身を寄せます。両親との楽しい思い出、母だけになってからのつらい生活が、すべてつまったアパートを引き払うことにしました。叔母夫婦や近所の人が手伝ってくれたそうです。

「金目のものはありませんが、思い出だけはたっぷりある。整理が進まないんです。母は、私たちが母宛に書いたちょっとしたメモみたいなものまで、缶に入れて大事に保管していた。夜、母に会えずに寝てしまうことが多かったから、妹と私はそれぞれ母にメモをよく残していたんですよね」

明日までに部活の費用がいるとか、今度の何日は授業参観だとか……。母にしてみれば、お金と時間のやりくりは大変だったことでしょう。子どもたちのメモは、決して楽しいことばかりではなかったはず。それでも、母はいつも返事をくれたそうです。

「考えてみたら、母は私と妹に、お金のことで愚痴ったためしがありません。授業参観も、ほんの少しでもいつも来てくれた。改めて母の思いが伝わってきて、私も妹も号泣してしまいました」

そんな状況を見ても、叔父夫婦も近所の人たちもふたりを急かすことはありませんでした。むしろ、みんなが一緒に泣いてくれたそうです。

「あなたのお母さんは、本当に立派で優しい人だったよ。近所の人がそう言ってくれたんです。これはうれしかった。母がきちんとここに生きていたと、赤の他人が認めてくれた、褒めてくれた。私は母を誇りに思って生きていかなくては。そう思いました」

◎「自分の家族」と思ってご遺族と接する遺品整理士

この話は、遺品整理を仕事とする者にとって、非常に大事な根本的な話だと思っています。私たちは、この近所の人たちのような気持ちで、ご遺族に接し、故人に敬意を払わなくてはいけません。

残された家族が、これからどうやって新しい人生を踏み出していくのか。余計なお世話かもしれません。そこまで立ち入らないでほしいと思う人もいるでしょう。でも、様子を見ながら、故人のことをうかがってみてもいいのではないでしょうか。残された方たちが話したければ、話してくれるはずです。

真摯な態度で、依頼者との信頼関係を築いていく。遺品整理業者の中には、依頼者が廃棄してくださいと言ったものでも、それが思い出につながるものであれば、しばらく倉庫にとっておく人もいます。そして時期がきたら、「保管していますが、本当に廃棄してもよろしいですか」と手紙を出すのです。半数以上の依頼者が、「捨てていいと言って後悔していた」と引き取られ

るそうです。

そのときはいらないと思っても、あとで「やっぱり取っておけばよかった」と思い直すのはよくあることです。そこまで見越して保管している業者は、やはり依頼者からも信頼が厚く、仕事が絶えません。

◎仕事を越えたところでご遺族と接するのも遺品整理士

また、こんな例もあります。未婚で両親と暮らしていた60代の女性、両親が亡くなり、ついに家を手放すことになりました。ご自身も体が弱いので、今後はケア付きのマンションに越そうと考えたそうです。ただ、「自分の人生を振り返りながら、半年くらいゆっくり時間をかけて家を整理したい」とおっしゃるのだそうです。そこで、依頼を受けたある業者は、時間を見つけてはそのお宅に伺っています。お茶を飲みながら思い出話を聞き、「今日はここを片づけたい」という希望に添って片づける。片づけながら、また思い出話をうかがう。

もちろん、コストパフォーマンスは低いでしょう。ただ、本来はこういう仕事ができれば、遺品整理士冥利に尽きるとも言えます。その業者が言うには、「これは会社が引き受けた仕事というよりは、私個人が友だちづきあいのようなつもりで進めている仕事です」とのこと。すべてがこういうご依頼だと会社は立ちゆかなくなりますが、あまたある仕事の中で、こういうことがあってもいいのではないか、とその業者は言うのです。

私はこういう業者を、ある意味で誇りだと感じています。ご遺族に寄り添う姿勢、もっと言えば、家族は無理でも友だちのように親身になる気持ち。それが遺品整理士という仕事の大変なところでもあり、やりがいのあるところだと思うのです。

あとがき

私が「一般社団法人　遺品整理士認定協会」を立ち上げたのは2011年のことでした。

そもそもは、その前の年に父が事故で急死したのがきっかけです。あまりに突然のことでしたから、私たち家族は、まったく気持ちの整理ができていませんでした。ただ、いろいろ事情があって、父の遺品は片づけなければなりませんでした。そこである業者にお願いしたんです。

その業者が、常識外れなひどいことを言ったわけではないのかもしれません。ですが、あまりに事務的に片づけ、ポンとものを投げたりする態度や、悲しみにくれる遺族のありようをまったく思いやらない言葉などに、私はひどく傷つきました。

とうとう、「もういいです」と言ってしまったほどです。

そんな経験をしてから、「私以外にも、似たような思いをしている人はいるはずだ」と思いました。遺品整理を仕事にするからには、悲しんでいる家族の心に寄り添えるような人でなければならない。非常に根本的ではありますが、それができれば「遺品」は、「ゴミ」ではなく、自分の亡くなった家族の持ち物のように扱えるのではないでしょうか。

「遺品整理」という言葉は、だいぶ一般的に知られるようになってきましたが、それと同時に、業者が依頼先のお宅でお金を盗んだとか、廃棄物を不法投棄したとか、悪い情報も届きます。そういう話を聞くたびに胸が痛みます。

遺品整理士という資格は、今は民間ですが、できるだけ早く国の認定資格にしていきたいと思っています。そうすれば、今よりもっと遺品整理士が認知されるでしょうし、有資格者自身の意識も変わってくるに違いありません。業界全体の質が向上することに尽力したいと思っています。

この本では、プロが教える遺品整理の仕方と、いい業者の見分け方などもご紹介しました。同時に、遺品整理ができない事情、遺品整理をしてみて初めてわかった家族への思い、あるいはあまりよろしくない遺品整理業者に頼んでしまったなど、実際の声を入れました。また、遺品整理士たちが実際に遭遇した例も書いてあります。

人が亡くなれば遺品整理は必ずついて回ります。今は家族のつながりも薄くなり、中には立ち会えないけど整理をしてほしいと言われた遺品整理士が訪ねてみると、遺骨がぽんと放り出してあったという例も聞きます。そういう話を聞くとせつなくなります。

生きているときは、いろいろな確執があったかもしれませんが、亡くなれば仏さま。せめて家族が最後だけは、面倒を見てやれないのか……。そうは思いますが、やはりいろいろな事情があるのでしょうね。
そんなとき、遺品整理士は、亡くなった方を最後に思う存在になるかもしれません。家族に見捨てられた骨壺を見た遺品整理士は、自ら花を買い、手向《たむ》けたそうです。そんな心ある遺品整理士に整理してもらったら、故人の魂も少しは慰められるのではないでしょうか。

２０１５年７月　　遺品整理士認定協会　理事長　木村榮治

家の片づけに役立つ

遺品整理お役立ち付録

1 「もしも」のためのチェックシート……… 192

自分の「もしも」の時、残された方が困らないために伝えておくべきこと、そしてご家族の方が、先行く方に事前に聞いておいた方がいいことをまとめました。拡大コピーしてお使いください。

2 安心できる、契約書・同意書・免責事項説明書 サンプル……… 216

安心して任せられる遺品整理業者は、しっかりと書類を提出してくれます。ここで書かれているようなことが記載されているか、確認しましょう。

3 遺品整理士のいる全国企業リスト…… 220
（管理基準適合会員企業一覧）

私どもの団体が推薦する、心のこもった片づけをしてくれる全国の企業を掲載しています。困った時はお近くの企業に是非相談してみてください。

※拡大コピーしてお使い下さい

遺品は、どのように取り扱う？（1）

貴金属や想い出の写真、手紙、衣服など、あなたが大切にしているものについて記入しましょう。

（1）想い出の品	大切にしている想い出の品をどのように扱ってほしいか、記入しましょう。

名称／種類		保管場所	
遺品の取り扱い 残し方・託し方			
備考／メモ欄			

名称／種類		保管場所	
遺品の取り扱い 残し方・託し方			
備考／メモ欄			

名称／種類		保管場所	
遺品の取り扱い 残し方・託し方			
備考／メモ欄			

名称／種類		保管場所	
遺品の取り扱い 残し方・託し方			
備考／メモ欄			

名称／種類		保管場所	
遺品の取り扱い 残し方・託し方			
備考／メモ欄			

遺品は、どのように取り扱う？（2）

預金口座やクレジットカード等、遺産となるものについて、整理しましょう。尚、ご記入いただく際、暗証番号は悪用される恐れがありますので、記入しないようにしましょう。

（2）預貯金	お持ちの銀行口座の保管について、記入しましょう。

金融機関名		支店／支店番号	
口座の種類	普通　／　定期	口座番号	
名義人		通帳の保管場所	
金融機関名		支店／支店番号	
口座の種類	普通　／　定期	口座番号	
名義人		通帳の保管場所	
金融機関名		支店／支店番号	
口座の種類	普通　／　定期	口座番号	
名義人		通帳の保管場所	

※　役所で「死亡届」が受理されてから、預金口座の相続人が確定し、預金口座の相続手続きが行われるまで、ご利用の口座は「凍結」状態となってしまいます。
そのため、相続人が確定後、速やかに名義変更依頼書、故人の戸籍謄本、除籍謄本、改製原戸籍謄本、相続人全員の戸籍謄本、印鑑証明書、遺産分割協議書（コピー）、通帳を該当の金融機関に持参し、手続きを行うようにしましょう。

（3）クレジットカード	保有されているクレジットカードについて、記入しましょう。

カード名（カード会社）		カード番号	
連絡先／電話番号			
カード名（カード会社）		カード番号	
連絡先／電話番号			
カード名（カード会社）		カード番号	
連絡先／電話番号			

※　故人が持つクレジットカードを死亡後、解約する場合、契約者が死亡した旨と、故人の生年月日、住所、氏名と、ご連絡者との間柄をクレジット会社に伝え、クレジットカードの機能停止と、解約手続きをお願いしましょう。
その際、故人に債務残高がある場合には、その支払いが発生し、銀行口座凍結後は、引き落としが出来ないため、相続を放棄する場合を除き、そうした手続きも含め、クレジット会社が指定する解約方法で対応を行いましょう。

※拡大コピーしてお使い下さい

遺品は、どのように取り扱う?(3)

遺産として、現在保有されている「有価証券」やお持ちの「貴金属類」について整理しましょう。

(4)有価証券	保有されている有価証券について、記入しましょう。

金融機関名		銘柄/種別	
証券番号			
備考/特記事項			

金融機関名		銘柄/種別	
証券番号			
備考/特記事項			

金融機関名		銘柄/種別	
証券番号			
備考/特記事項			

※ 株式を例に挙げると、故人名義の株式は、死亡届が受理された時点で売買ができなくなり、遺言書や遺産分割協議によって相続人が確定後、株式の名義人を故人から相続人に書き換える必要があります。
尚、有価証券の相続については、有価証券法や金融商品取引法等の法規制も関わってくるため、法律家に相談するのが望ましいでしょう。

(5)貴金属類	保有されている貴金属類について、記入しましょう。

品目/種類		購入金額	
取り扱いの方法			
備考/特記事項			

品目/種類		購入金額	
取り扱いの方法			
備考/特記事項			

品目/種類		購入金額	
取り扱いの方法			
備考/特記事項			

遺品は、どのように取り扱う？（４）

現在保有されている、「土地」や「建物」、「田畑」などの不動産について、登記簿関係も含めて、事前にまとめておきましょう。

※　事前に知らせておきたいことは、なるべく詳細に書いておきましょう。
※　一戸建て（集団住宅以外）の場合は、土地と建物を別々に記入しましょう。
※　人から借りている不動産があれば、メモ欄に記入しておきましょう。

（６）不動産	保有されている不動産について、整理しておきましょう。

種　類	□　土地　□　建物　□　マンション・アパート □　田畑　□　その他（　　　　　　）		
名義人（保有者）		持ち分	
どんな不動産 （不動産の内容）			
住所 ／ 所在地			
地番・不動産番号			
誰に譲りたいか			
備考欄			

種　類	□　土地　□　建物　□　マンション・アパート □　田畑　□　その他（　　　　　　）		
名義人（保有者）		持ち分	
どんな不動産 （不動産の内容）			
住所 ／ 所在地			
地番・不動産番号			
誰に譲りたいか			
備考欄			

※拡大コピーしてお使い下さい

種　類	□ 土地　□ 建物　□ マンション・アパート □ 田畑　□ その他（　　　　　　）		
名義人（保有者）		持ち分	
どんな不動産 （不動産の内容）			
住所 ／ 所在地			
地番・不動産番号			
誰に譲りたいか			
備 考 欄			

種　類	□ 土地　□ 建物　□ マンション・アパート □ 田畑　□ その他（　　　　　　）		
名義人（保有者）		持ち分	
どんな不動産 （不動産の内容）			
住所 ／ 所在地			
地番・不動産番号			
誰に譲りたいか			
備 考 欄			

メモ欄	

※　不動産の所有者が亡くなった際に、不動産を故人から相続する場合には、不動産登記上の所有者である故人から相続人へ名義変更（相続登記）が必要となります。
その他、生前贈与や財産分与、不動産を売買する場合も名義変更が必要となり、名義変更の手続きでは、故人・相続人両者の「戸籍謄本」と「住民票」、及び相続する年度の「固定資産表か証明書」が必要となりますので、覚えておきましょう。

遺品は、どのように取り扱う？（5）

現在、ご自身で抱えている負債について、まとめておきましょう。

（7）負債	現在ご自身で抱えている負債について、記入しましょう。

■ 借入金／ローンなど

借入先		借入額	
借入残高		毎月の返済額	
返済方法		備考	

借入先		借入額	
借入残高		毎月の返済額	
返済方法		備考	

借入先		借入額	
借入残高		毎月の返済額	
返済方法		備考	

■ 保証責務（借金の保証人など）

	氏名	連絡先
主債務者		
債権者		
債務の内容		

	氏名	連絡先
主債務者		
債権者		
債務の内容		

※　借入金や保証債務は、出来るだけわかりやすく、記入しておきましょう。わかりやすく記入しておくことで、家族のトラブルも未然に防ぐことができます。

※拡大コピーしてお使い下さい

遺品の寄付と遺言状について

遺品として残すものの中で、「寄付」しようと考えているものがあれば、一度ここで整理してみましょう。

(1)寄付を希望しますか?	遺品の寄付を希望するかどうか、選びましょう。

□希望する　□希望しない

(2)寄付の希望先について	寄付先が決まっている場合は、記入しましょう。

団体名	
連絡先	
寄付する物	

団体名	
連絡先	
寄付する物	

※　不動産や現金など、寄付しようと考えているものについて、記入しましょう。その際、現金の寄付を考えている場合は寄付する金額も添えて、記入しておきましょう。

(3)他の寄付について	寄付で他に考えていることがあれば、記入しましょう。

●遺言状について	相続などに関わる「遺言状」の準備について、記入しましょう。
法的な遺言状の有無	□　私は、「遺言状」を書いていません □　私は、「遺言状」を書いてあります □ 自筆証書遺言　□ 公正証書遺言　□ 秘密証書遺言
遺言書の作成日	【 作成日 】　年　月　日
遺言書の保管場所	

ペットの飼育について

亡くなられた後で困らぬように、ペットの飼育について、まとめておきましょう。

(1) ペットについて	飼育しているペットの情報を記入しましょう。

名 前		種 類		性 別	
飼 料		年 齢(生年月日)	年 月 日(満 歳)		
病 気		健康状態			
血統書	有 ・ 無	避妊手術	有 ・ 無	特徴・癖	
かかりつけ医院	(担当医)	連絡先			

名 前		種 類		性 別	
飼 料		年 齢(生年月日)	年 月 日(満 歳)		
病 気		健康状態			
血統書	有 ・ 無	避妊手術	有 ・ 無	特徴・癖	
かかりつけ医院	(担当医)	連絡先			

(2) もしものときには・・・	もしものとき、行ってほしいことを記入しましょう。

飼育の依頼先	□決まっている(【飼育者】 【連絡先】) □新しい飼い主を探してほしい □動物愛護協会に判断を委ねる □その他( )
飼育の費用	□現金で残している □保険金を利用してほしい □遺せない □その他( )
手続きの依頼先	□決まっている(【飼育者】 【連絡先】) □誰に相談して良いかわからない □動物愛護協会に判断を委ねる □その他( )

飼育の依頼先	□決まっている(【飼育者】 【連絡先】) □新しい飼い主を探してほしい □動物愛護協会に判断を委ねる □その他( )
飼育の費用	□現金で残している □保険金を利用してほしい □遺せない □その他( )
手続きの依頼先	□決まっている(【飼育者】 【連絡先】) □誰に相談して良いかわからない □動物愛護協会に判断を委ねる □その他( )

(3) ペット埋葬について	ペットの埋葬について、希望することを記入しましょう。

□事前に用意している”ペット墓”に埋葬してほしい □”ペット墓”を探して、埋葬してほしい。
□火葬して、住んでいた家の庭に骨を埋葬してほしい □その他( )

※拡大コピーしてお使い下さい

これから、やりたい２つのこと

これからの人生で、やりたいことの内容をより具体的に書きましょう。

■１番目にやりたいこと

内容			
いつまでに行うか		記入日	年　月　日
何が必要か(予算等)			
具体案			

■２番目にやりたいこと

内容			
いつまでに行うか		記入日	年　月　日
何が必要か(予算等)			
具体案			

※　今、あなたが心に思っている「あなたの人生の夢」をできるだけ具体的に書いてください。より具体的に夢を記入し、思い描いていくことで、あなたが、夢に近づいていきます。

緊急時に伝えたいこと（1）

もしもの時に備えて、家族親族や友人などの連絡先を連絡して欲しい順番に記入しましょう。また、必ず連絡しておきたい人や、大切な人のことについてその人との間柄を含め、まとめておきましょう。

● 連絡先	家族や友人について、どんな間柄なのかを記入しましょう。

ふりがな 名前		間柄	
電話番号		携帯番号	
住所			

ふりがな 名前		間柄	
電話番号		携帯番号	
住所			

ふりがな 名前		間柄	
電話番号		携帯番号	
住所			

ふりがな 名前		間柄	
電話番号		携帯番号	
住所			

※拡大コピーしてお使い下さい

緊急時に伝えたいこと（2）

急病やケガ、突然の入院に備えて、自分の健康管理についての情報を記入しましょう。

（1）病気について	患っている病気について、整理しておきましょう。

持病名	
常用薬	
アレルギー	

（2）かかりつけ医	通院している病院など、整理しておきましょう。

病院名	
担当医	（担当科　　　　　　）
連絡先	
住　所	

（3）各種保険証など	お持ちの保険証やその保管場所を整理しておきましょう。

健康保険証	（種類）　　　　　　　（記号番号）
保管場所	
老人保険証	（記号番号）
保管場所	
介護保険証	（記号番号）
保管場所	

※　故人が生命保険に加入していた場合には、ご請求によって、死亡保険金が支払われ、企業や団体の健康保険組合に加入していた人（本人・家族とも）が亡くなった場合には、葬儀・埋葬の補助として5万円が支給されます。
故人の死亡より２年以内に、生命保険は、死亡からご契約の保険会社に、健康保険は、健康保険組合または、社会保険事務所にご連絡し、手続きを行いましょう。

緊急時に伝えたいこと(3)

各種年金や生命保険、損害保険などについて、もしもの時に家族がきちんと請求できるように記入しましょう。

(1)年金	現在、加入している年金について、記入しましょう。

基礎年金番号		連絡先	
保管場所			
その他の年金番号		連絡先	
保管場所			

(2)各種保険	損害保険、生命保険等について、記入しましょう。

保険会社名		担当者	
保険の種類		証券番号	
保険金受取人		保険満期日	年　月　日
契約者名		保険対象者	
契約内容			

保険会社名		担当者	
保険の種類		証券番号	
保険金受取人		保険満期日	年　月　日
契約者名		保険対象者	
契約内容			

※ 保険金額や特約の他、どんな時に請求できる保険なのか、契約している保険の契約内容も整理しておきましょう。また、個人や家族を対象にした保険もありますので、誰を対象に契約している保険なのか、確認しておきましょう。

※拡大コピーしてお使い下さい

もしものときの相談リスト

無料相談が実施されているものもありますので、自治体の相談窓口や各業界のプロにご相談されるのが望ましいでしょう。また、ご相談は、一人で相談には行かず、出来るだけ複数で相談に行き、様々な視点でお話を聞くのが良いでしょう。

● 遺品整理については、こちら		
遺品整理士認定協会	TEL	0123-42-0528
● 相続・遺言については、こちら		
日本弁護士連合会	TEL	03-3359-4171
日本司法書士会連合会	TEL	03-3580-9841
法テラス	TEL	0570-078374
NPO法人 相続・遺言相談センター	TEL	03-5813-8332
● 税金については、こちら		
国税庁	URL	http://www.nta.go.jp/
● 銀行預金については、こちら		
全国銀行協会相談室	TEL	0570-017109
● 保険については、こちら		
生命保険相談所	TEL	03-3286-2648
● 不動産については、こちら		
公益社団法人 日本不動産鑑定士協会連合会	TEL	03-3434-2301
● 廃車手続きについては、こちら		
国土交通省	TEL	03-5253-8111
● 年金については、こちら		
ねんきんダイアル（日本年金機構）	TEL	0570-05-1165
● 生活全般については、こちら		
終活カウンセラー協会	TEL	03-3581-3846
● 遺産の寄付について		
赤い羽根共同募金	TEL	03-6676-7326
日本ユニセフ協会	TEL	03-5789-2013
● お葬式については、こちら		
NPO法人 全国葬送支援協議会	TEL	0120-775-835
NPO法人 葬送の自由をすすめる会	TEL	03-5684-2671

所属している団体・クラブなど

所属されている団体やクラブ、同窓会などは、休会や退会の手続きが必要な場合がありますので、そのときに備えて、整理しておきましょう。

● 所属の団体・クラブ	現在参加している団体・クラブ等について、記入しましょう。

団体名		担当者	
住　所			
連絡先(電話)		メールアドレス	

団体名		担当者	
住　所			
連絡先(電話)		メールアドレス	

団体名		担当者	
住　所			
連絡先(電話)		メールアドレス	

団体名		担当者	
住　所			
連絡先(電話)		メールアドレス	

団体名		担当者	
住　所			
連絡先(電話)		メールアドレス	

※　休会あるいは、退会の手続きができなかったものについては、後日先方からご連絡があった際にその旨をご返信するようにしてください。

※拡大コピーしてお使い下さい

葬儀について（1）

もしものときの為に、ご自身の葬儀や宗教などに関することについて、簡単にまとめておきましょう。

（1）生前予約について	生前予約先がある場合は、予約先を記入しましょう。		
生前予約先			
連絡先		担当者	
費用・内容			
契約書の保管場所			

（2）互助会	加入している互助会がある場合は、記入しましょう。		
会社名			
連絡先		担当者	
費用・内容			
契約書の保管場所			

（3）宗教について	宗教名や宗派を記入しましょう。		
宗教	□仏教　□キリスト教　□神道　その他(　　　　)		
宗派・名称			
特定の寺院・神社・教会などを、希望する場合はご記入ください。			
名称		連絡先	
無宗教の場合には、下記にその旨をご記入ください。			

葬儀について（2）

葬儀で行って欲しいことや、葬儀の内容について、記入しましょう。また、葬儀の業者が決まっている場合は、そのことも整理しておきましょう。

（1）葬儀の実施について	葬儀の内容について、記入しましょう。

規模	□盛大にしてほしい　□出来る範囲でしてほしい □標準　□小規模でしてほしい □おまかせする　□行わない		
費用	□特に用意していない □預金をあててほしい （金額:　程度） □保険をあててほしい （金額:　程度）		
喪主の候補（1）		連絡先	
喪主の候補（2）		連絡先	
香典	□もらう　□辞退する　□おまかせする		
遺影	□決めていない □使いたい写真がある（保管場所：　）		

棺に入れて欲しいもの

葬儀で希望すること（葬儀で飾ってほしい花や物・流して欲しい曲など）

※　葬儀で希望することがあれば、希望欄に記入しておきましょう。

（2）業者について	希望する葬儀社があれば、記入しておきましょう。

会社名	
連絡先	

※拡大コピーしてお使い下さい

葬儀について（3）

葬儀に来て欲しい人・来て欲しくない人の情報を記入しておきましょう。また、法要について、要望などがあれば、合わせて記入しましょう。

（1）葬儀に来てほしい人	葬儀に必ず来てほしい方を記入しましょう。

名前	続柄	住所・連絡先

（2）葬儀に来てほしくない人	案内を出したくない方等を記入しましょう。

名前	続柄	住所・連絡先

（3）法要について	法要について、希望することを記入しましょう。

□家族と親族でしてほしい
□一周忌は通知を出して欲しい
□おまかせする
□出来る範囲でしてほしい
□小規模でしてほしい
□行わない

法要についての要望など

※　葬儀を行いたくない場合は、はっきりとその旨を伝えておきましょう。

お墓や宗教等の扱いについて

お墓について、購入希望や購入先の情報を記入しましょう。また、仏壇や祭壇など購入や使用してほしいものなどの情報を記入しましょう。

（1）お墓について	お墓に関しての希望などを記入しましょう。

お墓の希望	□先祖代々のお墓　□既に購入済みのお墓 □寺院墓地　□公営墓地 □民営墓地　□納骨堂 □その他　（　　）		
お墓の購入費用 お墓の改修費用	□特に用意していない □預金をあててほしい　（金額：　　程度） □保険をあててほしい　（金額：　　程度）		
所在地 / 予定地			
お墓の継承者氏名		電話番号	
墓地使用権利者			

その他、お墓について、行ってほしいこと

※　お墓の継承者について、第２希望、第３希望がある場合は、その他の項目にご記入ください。

（2）仏壇や祭壇など	仏壇や祭壇などの希望を記入しましょう。

購入について	□家の物を使用して欲しい　□既に購入済みの物 □新規に購入して欲しい　□特にいらない □その他　（　　）		
購入先			
継承者氏名		電話番号	

※拡大コピーしてお使い下さい

認知症になったときには…

自分が『認知症』となったとき、身の回りのことや、財産管理などをどのように対処してほしいか、まとめておきましょう。

(1) 認知症になったときの医療・介護費用	医療費や介護費用について、どのように対処してほしいか、まとめてきましょう。

費用負担の希望	□自分名義の預貯金を使ってほしい □自分名義の預貯金と、家族の援助でお願いしたい □家族の判断に任せる		
金融機関名		支店／支店番号	
口座の種類	普通 ／ 定期	口座番号	
名義人			
通帳の保管場所		印鑑の保管場所	
カードの有無	有り ／ 無し	カードの保管場所	

(2) 認知症になったときの財産管理	財産管理について、だれに、どのような形で対処してほしいか、まとめておきましょう。

管理の希望		□配偶者（夫・妻）に任せる □子どもに任せる 具体的な子どもの名前（　　　　　） □後見人を決めている		
後見人	氏　名		連絡先	
	住　所			
	メールアドレス			
公証役場	名　称			
	住　所			
	連絡先			

アカウント情報を整理しておこう

現在利用されている、各種インターネットサービスのアカウント情報については個人情報が関わるものもありますので、ここで整理しておきましょう。

アカウント情報	ご利用されているサイトのアカウント情報を 整理しておきましょう。

種　類	□フリーメール【 Google ・ Yahoo! ・その他(　　　　)】 □SNSサイト【 登録サイト(　　　　)】 □ブログサイト【 登録サイト(　　　　)】		
ユーザーID		パスワード	
ご登録のメールアドレス			
パスワードを忘れたときの質問			
質問の答え			
クレジットカードの情報登録の有無	有 ／ 無	カード番号	
年会費の有無	有 ／ 無	問い合わせ先	
備 考 欄			

種　類	□フリーメール【 Google ・ Yahoo! ・その他(　　　　)】 □SNSサイト【 登録サイト(　　　　)】 □ブログサイト【 登録サイト(　　　　)】		
ユーザーID		パスワード	
ご登録のメールアドレス			
パスワードを忘れたときの質問			
質問の答え			
クレジットカードの情報登録の有無	有 ／ 無	カード番号	
年会費の有無	有 ／ 無	問い合わせ先	
備 考 欄			

※拡大コピーしてお使い下さい

種　類	□フリーメール【 Google ・ Yahoo! ・その他（　　　　　　）】 □SNSサイト【 登録サイト（　　　　　　　　　）】 □ブログサイト【 登録サイト（　　　　　　　　　）】		
ユーザーＩＤ		パスワード	
ご登録のメールアドレス			
パスワードを忘れたときの質問			
質問の答え			
クレジットカードの情報登録の有無	有　／　無	カード番号	
年会費の有無	有　／　無	問い合わせ先	
備 考 欄			

種　類	□フリーメール【 Google ・ Yahoo! ・その他（　　　　　　）】 □SNSサイト【 登録サイト（　　　　　　　　　）】 □ブログサイト【 登録サイト（　　　　　　　　　）】		
ユーザーＩＤ		パスワード	
ご登録のメールアドレス			
パスワードを忘れたときの質問			
質問の答え			
クレジットカードの情報登録の有無	有　／　無	カード番号	
年会費の有無	有　／　無	問い合わせ先	
備 考 欄			

※　各種サイトにて、クレジットカード等をご登録されている場合には、ご利用されなくなったとき、しっかりと情報を削除しておかないと、悪用される場合がありますので、しっかりとまとめておきましょう。

※　ご登録頂いた『パスワード』、並びに、パスワードがわからなくなったときに求められる『秘密の質問』についてはご本人でご登録されていることが前提となる為に、第三者が知り得ることができないため、しっかりと記憶し、書き残しておきましょう。

大切な伴侶との出会いとは

ともに人生を歩むことになった人との「出会いのきっかけ」や「好きになった部分(性格、容姿、仕事ぶり等)」など、胸がときめいたときの楽しい記憶を書き残しておきましょう。

● 大切な(　　　　　　　　)との想い出

写　真

※拡大コピーしてお使い下さい

● 知人／友人（　　　　　　　　　　）さんへのメッセージ

● 知人／友人（　　　　　　　　　　）さんへのメッセージ

● 知人／友人（　　　　　　　　　　）さんへのメッセージ

※　書いておくだけでも、大切な人への心のこもったメッセージになりますので、あなたの気持ちを素直にご記入ください。

感謝を込めた、ありがとうのメッセージ

これまで接してきた「夫(妻)」、「家族」、「知人／友人」に宛てた、心から伝えたいあなたの感謝のメッセージを書いてみましょう。

● 夫（妻）へのメッセージ

● 家族へのメッセージ

利用規約および免責事項説明書

1．定義
〇〇〇〇〇〇〇〇株式会社（以下、当社）が提供する全てのサービスの利用に際して、以下に定めた規約に同意の上、利用いただくものとします。

2．不用品の取扱いについて
事前に供養などの処分方法の希望がない場合は、引取りする不用品を、当社の基準であるリサイクルや廃棄処分などの法令に沿った処分をするものとし、お客様は処分方法を当社に一任することとします。

3．買取りについて
買取りを希望される遺品がある場合、当社の基準に準じた査定を行い、買取り致します。

買取りにて発生した料金については、作業費より差し引き致しますが、買取り金額が作業日を上回った場合には、現金にて差額をお支払い致します。

4．所有物の権利放棄について
故人様に対して当社のサービスを利用する場合には、故人が所有していたもの全ては、故人の相続人共有の財産であることをご理解頂いたうえで、お客様が、当社のサービスを利用される際は、当社で引き取る不用品の所有権を全て放棄し、当社の処分方法などについて一切の異議申し立てをしないものとし、不用品の返還や損害賠償を請求できないものとします。

また、整理対象の中に、高価品などの遺品がある場合は、当社に対して事前に説明することとし、説明を怠ったことによる破損等の場合、お客様は当社に対し損害賠償の請求が出来ません。

お客様が親族等の代行で当社の遺品整理サービスを利用される場合、不用品の引き取り後、親族等、第三者からの不用品の返却、及び作業内容のクレームが発生した場合は、全てお客様の責任で対処することとし、当社は金銭を含む一切の損害賠償請求を出来ないものとします。

5．説明義務について
お客様は当社に対し、不用品の内容等について説明義務があるものとし、危険物や要特別処分物（非金属製の大型金庫やリサイクル不可である旧式のテレビ、土砂などの無価値で特別な処分方法、特定の処分費が必要な品物）等については、必ず事前に所在を説明しなければなりません。事前に説明がない場合、見積り時に不用品が積み重なって目視出来ない場合等に、処理困難物等の品物が後で判明した場合には、別途請求をさせて頂きます。

６．作業完了確認について
作業終了時点で、見積り内容通りに作業完了したことを確認していただきます。確認後のクレーム等には一切応じられませんので、予めご了承の上、お願い致します。作業確認後は、見積り時に提示した作業費を現金にてお支払い頂きます。

７．補償について
当社の遺品整理を含む全ての作業中に、物品の移動等で当社の過失により破損や事故等が発生した場合は、当社の契約保険にて補償致します。但し、お客様の過失により、紛失及び破損等が発生した場合には、当社に対して損害賠償の請求を出来ないものとします。

８．免責事項について
当社の責に帰すべき事由にてお客様が損害を被った場合、当社の損害賠償額は、その時点でのお客様の契約金額を上限とします。但し、お客様の生命・身体に損害を与えた場合はこの限りではありません。

９．個人情報の取扱いについて
当社のサービスを利用される場合の個人情報とは、サービスを履行する目的でお客様より開示を受ける情報で、個人の名称・住所・電話番号・性別・年齢・生年月日・職業・当該個人の親族に関する情報等の第三者の属性に関する情報をいいます。当社はサービスの遂行にあたり相手方より開示・提供を受けた個人情報について「個人情報の保護に関する法律」に従い取り扱うものと、必要に応じて関係省庁が定めるガイドラインの内容に従うものとします。また個人情報の保護はサービス終了後も有効に存続するものとします。

１０．キャンセルについて
契約後に、お客様の事情による作業自体のキャンセル、または作業日程を変更される場合は、作業予定日の前日の午前１０時迄の連絡の場合は、キャンセル料金は発生しません。但し、それ以降の連絡の場合は、お見積金額の全額分が、キャンセル料金として発生致します。契約の際には、キャンセル料金の事項を了承の元、契約されたものとみなします。

１１．暴力団等の反社会的勢力排除条例
警察からの指導等により、暴力団及びその周辺勢力等の反社会的勢力をご依頼主または作業先とするサービスの提供をお断りしております。

遺品整理に関わる契約書兼同意書

依頼者 （以下を「甲」という）と、 受託者（ 業者名 ） （以下を「乙」という）とは、乙が行う遺品整理業務及び、遺品整理業務に付随する業務（以下を「本業務」とする）の扱いについて、申込者は利用規約の各条項の内容について理解した上で同意し、遺品整理業務および遺品整理業務に付随する業務を行うことを乙に申し込み，下記署名・押印を行う。

尚、本書を１通作成し、乙が原本を控え、甲が複写１通を保有するものとする。

１．	作業名	遺品整理、不用品の分別、梱包、撤去作業、簡易清掃
２．	作業場所	○○県○○市○○○○○○
３．	作業期間	平成○○年○○月○○日より○日間予定
４．	請負代金	金○○○，○○○円（税込）
５．	支払方法	作業日前、現金支払い
６．	特記事項	廃棄物の運搬および処分は、○○市一般廃棄物指定業者を案内

【同意内容】

１．甲は乙に対し、本件の遺品整理業務について、相続人を代表ないし事務管理に基づいて、すべての権限を持って請負契約を締結することを約束する。

２．遺品整理業務における責任は、すべて甲が負うものとし、乙は業務についての損害賠償責任は負担しないが、乙の責に帰すべき事由によるときは、乙がその賠償の責を負う。

３．甲は、業務の委託に際し、利用規約内容の各条項の説明を受け、同意をした。

平成　　年　　月　　日

（甲）住　所

氏　名

（乙）住　所

名　称

利用規約説明事項兼同意書

第１条（目的）

本契約は、甲が乙に対して依頼を行う本業務について、相互の認識を統一化し、本契約の成立に伴い、明確化すべき点を書面にまとめ、本業務が甲乙両者で理解を持って、円滑に進めることができるよう、事前に取り決めておくべき事項を定めることを目的とする。

第２条（作業）

乙は、甲の承諾を受け、遺品整理作業を請負い、これを完成することを約束する。甲は、その対価として乙に請負代金を定められた金額、時期に支払うものとする。

第３条（機密保持および個人情報の保護）

甲及び乙は、本業務遂行のため、相手方より提供を受けた情報並びに、その他業務上で知り得た機密情報および個人情報を相手方の許可なく業務上使用する以外の第三者に漏洩してはならない。また、本契約の終了後においても、同様の取扱いとする。

第４条（権利義務譲渡の制限）

甲及び乙は、あらかじめ相手方の承諾がない限り、本契約の権利、義務の全部又は一部を他に譲渡してはならないものとする。

第５条（作業期間の変更）

乙は、作業に支障を及ぼす天災、天候などにより作業を完成することが出来ない場合は、甲に遅滞なくその理由を示し作業期間の延長を求めることができることとする。

第６条（一般の損害）

作業の完成引渡しまでに甲乙並びに第三者にかかわらず､建物及びその他作業一般によって生じた損害は甲の負担とするが、乙の都合により期日までに作業開始ができなかったとき、または乙が自己の都合により作業を繰り延べ、若しくは中止させたとき、その他乙の責に帰すべき事由によるときは、その限りではないものとする。

第７条（工期終了後の責務）

破損などのトラブルに関する請求は、甲乙同席のもと確認する作業完了後の確認時に申し出ることとし、その後の請求はできないものとする。

第８条（キャンセルの取扱い）

契約後、甲の事情による作業自体のキャンセル、または作業日程を変更する場合は、作業予定日の前日の午前１０時迄に連絡を行うこととし、連絡がなされない場合、請負代金の全額分をキャンセル料金として、乙に支払うものとする。

第９条（相続人の代表）

甲は、相続人の立場にある場合には、本契約において相続人を代表して締結することとし、本契約締結後に他の相続人との間で発生した損害は全て甲が負担する。また、相続人間で発生した問題は全て甲が対応する。

第１０条（規定外事項）

本契約に定めなき事項については、甲乙誠意をもって協議の上、解決を図るものとする。

甲は、業務の委託に際し、上記利用規約条項の説明を受け、同意をし、下記署名を行った。

平成　　　年　　　月　　　日

申込者氏名

遺品整理士のいる全国企業リスト
遺品整理管理基準適合会員企業一覧

	団体名称	郵便番号	所在地	電話番号
北海道	有限会社音更美装	080-0302	北海道河東郡音更町木野西通10丁目4番地	0155-31-1105
	有限会社クラフト	005-00034	北海道札幌市南区南三十四条西10丁目2-28	0120-39-3219
	札幌クリーンエージェント	002-8064	北海道札幌市北区拓北4条3丁目4-6	090-8633-5359
	総合クリーンサービス	053-0832	北海道苫小牧市桜木町4-2-12	0144-74-8991
	タウン警備株式会社	065-0031	北海道札幌市東区 北三十一条東1丁目7-1 山晃ビル	011-751-1456
	プロワーク	080-0028	北海道帯広市西十八条南3丁目13-7	0155-38-4220
	便利屋-SAPPORO	067-0065	北海道江別市ゆめみ野東町37-15	0120-699-920
	有限会社北登工業	099-2305	北海道網走郡大空町女満別東陽2-6-1	0152-74-3345
	真心エージェント	087-0043	北海道根室市北斗町4-7-1	0800-8000-956
	松井住宅設備	077-0006	北海道留萌市末広町3-5-19	0164-56-1628
	有限会社山本金属	080-2473	北海道帯広市西二十三条南1丁目123-30	0155-37-6814
	株式会社リスター	071-8143	北海道旭川市春光台3条3丁目3-19	0166-53-9681
	和心	003-0022	北海道札幌市白石区南郷通6丁目南5-10-304	011-862-9027
	株式会社わたぼうし	080-1406	北海道河東郡上士幌町字居辺東18線259-5	01564-2-4777
青森県	アイ・ホームサービス (有限会社アルファーセブン)	031-0003	青森県八戸市吹上3-5-1	0178-45-9801
	M's work　エムズワーク	030-0943	青森県青森市幸畑4-4-4	017-738-6220
	トータルプロデュースモコ	038-0003	青森県青森市石江江渡5-7	0120-978-491
	有限会社東北クリーン	036-8374	青森県弘前市大字土堂字早川276-1	0172-33-1919
	株式会社十和田ビルサービス	034-0071	青森県十和田市大字赤沼字下平437-9	0176-23-4982
	和ごころ(クリーン中栄)	039-1161	青森県八戸市大字河原木字長円坊堀56-1	0178-20-8861
岩手県	サンステップ株式会社	020-0854	岩手県盛岡市上飯岡7-67-1	019-639-2440
	照井商事	020-0668	岩手県滝沢市鵜飼狐洞1-254	019-681-0158
	合同会社ファインアップ	020-0011	岩手県盛岡市三ツ割1-9-7	019-662-1660
	有限会社藤健	020-0042	岩手県盛岡市新田町3-3	0120-058-139
	ベリー合同会社	028-5316	岩手県二戸郡一戸町岩舘字田中62-2	0195-43-3133
	夢志	028-5402	岩手県岩手郡葛巻町葛巻17-4-17	0195-66-3620
宮城県	有限会社 アースクリーン・ネットワーク	989-2471	宮城県岩沼市小川字上河原38	0223-25-6577
	アース・ファミリー	989-2456	宮城県岩沼市松ケ丘3-11-15	080-8216-0997

遺品整理管理基準適合会員企業一覧

	団体名称	郵便番号	所在地	電話番号
宮城県	Arrangement東北	982-0023	宮城県仙台市太白区鹿野1-7-30 208号	022-226-7350
	協業組合 石巻廃棄物処理センター	986-0853	宮城県石巻市門脇字明神1-37	0225-93-3788
	えむライフ株式会社	984-0003	宮城県仙台市若林区六丁の目北町15-69	0120-543-370
	株式会社カタチ	983-0005	宮城県仙台市宮城野区福室6-6-16	022-254-1589
	有限会社クリンステーション	981-3111	宮城県仙台市泉区松森字台谷地70	022-773-8044
	株式会社豊島	985-0005	宮城県塩竈市杉の入3-25-2	022-362-2474
	トリプルクリーンサービス	981-1217	宮城県名取市美田園5丁目24-1-101	0120-210-121
山形県	株式会社ミツワ企業	999-3115	山形県上山市高野169-19	023-673-1131
	山形遺品整理 (有限会社かざぐるま)	997-0018	山形県鶴岡市茅原町28-74	0235-64-1180
福島県	株式会社アミゼ	963-3314	福島県田村郡小野町塩庭字大穴18番地	0247-72-5471
	遺品整理アイフレン 有限会社 華翠園	960-0251	福島県福島市大笹生字羽根通56	024-557-7351
	有限会社エスアンドシー	963-8041	福島県郡山市富田町字稲川原69-2	024-983-1333
	便利屋おまかせ金太郎 (株式会社ワンシップ)	963-0725	福島県郡山市田村町金屋字新家40-1	0120-948-583
	株式会社開進	970-0101	福島県いわき市平下神谷字御城78	0120-916-771
	日東産業株式会社	960-8253	福島県福島市泉字道下15	0120-575-375
	有限会社介護福太郎	965-0037	福島県会津若松市中央2-1-21	0242-85-7031
	サカゼン産業株式会社	963-0111	福島県郡山市安積町荒井字柴宮山51	024-945-3508
	株式会社山荘産業	970-8026	福島県いわき市平字城東1-1-15	0246-22-0644
	豊富産業有限会社	960-0102	福島県福島市鎌田字樋口3-2	024-553-3714
茨城県	有限会社梅木商会	302-0109	茨城県守谷市本町4245-4	0297-27-2322
	株式会社そめや	300-1217	茨城県牛久市さくら台4-35-1	0120-335-369
	藤クリーンサービス	312-0017	茨城県ひたちなか市長堀町3-11-13	029-219-7707
栃木県	カイタイ栃木株式会社	321-0117	栃木県宇都宮市城南2-3-23	0120-584-418
	有限会社リサイクル黒磯	329-3157	栃木県那須塩原市大原間西1-11-4	0287-65-0650
群馬県	アイ遺品整理(サンライズコーポレーション株式会社)	370-1127	群馬県佐波郡玉村町上之手1543-1	0120-161-191
	吾妻環境株式会社	377-0424	群馬県吾妻郡中之条町大字中之条町343-1	0279-75-5444
	群馬福祉清掃サービス (エイレーネ株式会社)	370-0071	群馬県高崎市小八木町1416-1	027-329-7227
	株式会社グローバル	370-0124	群馬県伊勢崎市境下武士2675-2	0270-74-0426

	団体名称	郵便番号	所在地	電話番号
群馬県	株式会社ナカジマ・プランニング スマイルサポート高前	370-0801	群馬県高崎市筑縄町73−3	027-393-6633
	株式会社BASE HILL	371-0131	群馬県前橋市鳥取町766-23	027-212-7055
埼玉県	株式会社 あ・うんコーポレーション	350-1131	埼玉県川越市岸町2-29-7	0120-560-800
	株式会社Rグループ (らくだ便利サービス)	335-0001	埼玉県蕨市北町1-16-13 本田マンション2-211	0120-124-115
	アイエンタープライズ 株式会社	338-0003	埼玉県さいたま市中央区本町東3-11-17	048-643-7226
	株式会社イズミ	361-0025	埼玉県行田市埼玉4173-2	0120-961-919
	株式会社一輝Corporation	358-0008	埼玉県入間市河原町11-23	0120-7070-29
	大村商事株式会社	353-0003	埼玉県志木市下宗岡2-18-20	048-472-0328
	株式会社上藤	330-0856	埼玉県さいたま市大宮区三橋2-243-1	0120-529-531
	協同組合行田クリーンパック	361-0016	埼玉県行田市藤原町1-17-1	048-554-1462
	株式会社サトフク	360-0806	埼玉県熊谷市奈良新田422-1	0120-50-3129
	自在社	330-0805	埼玉県さいたま市大宮区寿能町2-130 寿能住宅4-505	048-644-5272
	大同貨物自動車株式会社	361-0032	埼玉県行田市佐間1-26-45	048-554-2251
	株式会社冨田興業	368-0024	埼玉県秩父市上宮地町12-19	0494-40-1060
	株式会社ぴース	339-0034	埼玉県さいたま市岩槻区笹久保1944-3	0120-892-390
	富士コントロール株式会社	349-1103	埼玉県久喜市栗橋東2-14-14	0480-52-6038
千葉県	遺品整理エバーグリーン (株式会社金田臨海総合)	292-0801	千葉県木更津市請西1-1-22風間ビル2F	0120-664-368
	遺品整理エクラン (株式会社エコハーモニー)	286-0843	千葉県成田市下福田285-4	0800-123-9311
	株式会社M-1プランニング	279-0004	千葉県浦安市猫実5-3-37-201	047-318-9781
	株式会社クリアートラスト	262-0002	千葉県千葉市花見川区内山町226-1	0120-530-992
	JCパートナーズ合同会社	262-0012	千葉県千葉市花見川区千種町376-5	043-215-5003
	シロノホームケア	275-0021	千葉県習志野市袖ケ浦4-19-3	047-481-8311
	特定非営利活動法人 テンダーケア	276-0015	千葉県八千代市米本2168-57	047-406-4328
	トータルハウスサポート樹zyu	263-0051	千葉県千葉市稲毛区園生町408-112	0120-397-101
	東葛資源事業協同組合	270-2232	千葉県松戸市和名ケ谷754-1	047-392-3252
	エンゼルメモリー(有限会社童夢コーポレーション)	271-0054	千葉県松戸市中根長津町16	0120-105-934
	フェイス株式会社	264-0033	千葉県千葉市若葉区都賀の台4-5-9	0120-530-247
	ユタカ産業	265-0072	千葉県千葉市若葉区谷当町1040	043-239-1866

遺品整理管理基準適合会員企業一覧

	団体名称	郵便番号	所在地	電話番号
東京都	遺品整理の絆ネット	183-0044	東京都府中市日鋼町1-3-30	0120-24-1375
	遺品整理のトライト 有限会社鳶・土木斉藤	192-0032	東京都八王子市石川町2459	0120-309-053
	SGムービング株式会社	136-0082	東京都江東区新木場2-14-11	03-3521-8601
	株式会社大葉	120-0006	東京都足立区谷中2-18-15 レジデンス谷中202	0120-4194-70
	ガーディアン遺品整理事業部	194-0212	東京都町田市小山町814-1	0120-538-325
	有限会社関東紙業	135-0043	東京都江東区塩浜2-11-1	03-3648-0020
	クイックコーポレーション	114-0032	東京都北区中十条1-12-4	0120-833-325
	クリーンキューブ (株式会社小松急送)	193-0944	東京都八王子市館町1091-1	0120-023-190
	株式会社こころ家	124-0023	東京都葛飾区東新小岩4-13-21-102	0800-919-5568
	株式会社三通	180-0014	東京都武蔵野市関前2-3-1-1階	0422-27-8031
	株式会社ジェイ・エコテック	104-0032	東京都中央区八丁堀4-14-7 ウインドウ八丁堀ビル8F	03-5542-7555
	株式会社松葉	189-0001	東京都東村山市秋津町2-33-21	0120-290-715
	株式会社澄プランニング	185-0012	東京都国分寺市本町2-24-7	042-313-7927
	高嶺清掃株式会社	124-0013	東京都葛飾区東立石3-5-1	0120-540-594
	東京アート通商・ 全国刀剣買取センター	166-0002	東京都杉並区高円寺北2-3-10-101	0120-983-375
	東京ビルサービス	110-0015	東京都台東区東上野2-18-7 共同ビル621	03-5812-1712
	株式会社ネクスト	143-0004	東京都大田区昭和島1-3-4	0120-620-740
	株式会社バグジー	206-0021	東京都多摩市連光寺3-17-1	0120-67-1456
	フューネラルそうしん (株式会社村尾組)	198-0025	東京都青梅市末広町1-2-1そうしんホール青梅内	0428-32-4444
	ほっとアルファ (TCワークス株式会社)	207-0016	東京都東大和市仲原3-13-11-A	0120-121-964
	便利屋本舗世田谷店 (東京世田谷乃飯島商店)	154-0014	東京都世田谷区新町3-2-18	0120-1889-39
	株式会社由建	130-0013	東京都墨田区錦糸4-3-6 シーナビル1階	03-5610-6091
神奈川県	愛ある遺品整理センター (グッドリバーサービス有限会社)	227-0041	神奈川県横浜市青葉区上谷本町111-4	0120-426-026
	有限会社アクティブテクノ	242-0024	神奈川県大和市福田1-3-3	046-204-6451
	株式会社アヅマ	240-0065	神奈川県横浜市保土ケ谷区和田2-14-8-506	0120-52-7515
	あんしん よろずや 株式会社ジョウショウ	250-0862	神奈川県小田原市成田427-1	0465-36-4628
	遺品整理&片付け屋さん 「フレッシュマンサービス」	252-0211	神奈川県相模原市中央区宮下本町2-18-24	0120-972-204
	株式会社ウィーキャン	241-0822	神奈川県横浜市旭区さちが丘107-8	0120-863-353

	団体名称	郵便番号	所在地	電話番号
神奈川県	株式会社エコロ・ダイレクト	223-0052	神奈川県横浜市港北区綱島東1-9-25-201	045-542-8561
	カシーフレンドリー	236-0057	神奈川県横浜市金沢区能見台5-13-6-1	045-701-8138
	クリーンクリエイト（株式会社大進工業）	247-0061	神奈川県鎌倉市台2-11-10	0467-45-5153
	有限会社 弘陽エンタープライズ	251-0043	神奈川県藤沢市辻堂元町5-3-8	0466-36-4034
	J・システム株式会社	250-0117	神奈川県南足柄市塚原4524-11	0465-39-5202
	進興業	252-0335	神奈川県相模原市南区下溝3412-1	042-852-7456
	株式会社 スピードコーポレーション	243-0303	神奈川県愛甲郡愛川町中津1051-1	046-265-0020
	スマイルファースト（株式会社エムティーリサイクル）	224-0045	神奈川県横浜市都筑区東方町1151番地	045-944-3361
	有限会社　トラストウイング	242-0024	神奈川県大和市福田3345番地11	046-279-5055
	美想_ASSIST	252-0336	神奈川県相模原市南区当麻884-8	042-719-3650
	宝栄産業株式会社	250-0117	神奈川県南足柄市塚原4373-12	0465-70-6606
	横浜ベスト遺品整理社	224-0034	神奈川県横浜市都筑区勝田町1288	0120-99-5185
	株式会社ロード	215-0027	神奈川県川崎市麻生区岡上263-110	0120-536-610
新潟県	あいとうの杜 e-クリーン合同会社	950-1227	新潟県新潟市南区鯵潟638-13	025-371-1922
	アイマーク環境株式会社 新潟営業所	950-0073	新潟県新潟市中央区日の出1-14-2	0120-972-700
	株式会社 サンバーストにいがた	950-2023	新潟県新潟市西区小新2151-2	025-231-0077
	株式会社じょいんと	950-2042	新潟県新潟市西区坂井624-1	025-268-6153
富山県	富山遺品整理本舗	930-0955	富山県富山市天正寺459-7	076-422-5089
	有限会社 マルイケエルカンパニー	934-0032	富山県射水市片口266	0766-86-8533
石川県	暁商事	924-0011	石川県白山市横江町1124-1	076-274-0755
	ASKメモリアル（ASK金澤株式会社）	920-0366	石川県金沢市南塚町15-1	0120-831-059
福井県	株式会社E-LINE	910-0845	福井県福井市御幸町4丁目13-21 小林ビル1F	0776-97-9467
	リサイクル山澤	910-0123	福井県福井市八重巻町31-33	0776-56-3970
山梨県	サンシン美装	406-0801	山梨県笛吹市御坂町成田862-3	055-262-0680
	有限会社ファイブ・スリー清掃	402-0031	山梨県都留市十日市場473-1	0554-45-5399
長野県	株式会社井上産業	381-0104	長野県長野市若穂牛島字村東151	026-214-3830
	輝クリーン	395-0056	長野県飯田市大通2-236	0265-55-0112
	有限会社カクニ	384-1403	長野県南佐久郡川上村秋山912-1	0267-99-0733

遺品整理管理基準適合会員企業一覧

	団体名称	郵便番号	所在地	電話番号
長野県	株式会社サイトー	389-0501	長野県東御市新張2087	0268-63-6701
	株式会社刀酔庵 至誠堂	399-0035	野県松本市村井町北2丁目1-76	0263-86-7373
	山眞建設有限会社	386-0151	長野県上田市芳田2114-7	0268-35-3651
	遺品整理コネクト（株式会社ヤヨイ）	390-0852	長野県松本市島立1893	0120-279-756
岐阜県	生駒産業	503-0854	岐阜県大垣市築捨町5丁目128-1	0584-89-7675
	有限会社エヌオーオー	501-6042	岐阜県羽島郡笠松町八幡町49	058-216-1991
	お部屋の片付けまかせ隊（有限会社美栗陸送）	500-8238	岐阜県岐阜市細畑1-8-7	058-213-6445
	株式会社Good Service	501-2571	岐阜県岐阜市太郎丸向良162番地	058-229-5238
	株式会社三航	507-0057	岐阜県多治見市赤坂町7丁目41番地5	090-6587-6874
	株式会社西尾開発	509-6472	岐阜県瑞浪市釜戸町4089-1	0572-63-3878
静岡県	有限会社アイメイクアップ	433-8122	静岡県浜松市中区上島1丁目12-5	053-525-7380
	Office　K	430-0941	静岡県浜松市中区山下町2-1 ハイタウン山下B-8	053-439-9523
	有限会社ダストワーク	410-0835	静岡県沼津市西島町19番15号	055-935-5935
	トータルホームはなまる（合同会社未来環境エージェンシー）	438-0046	静岡県磐田市下岡田311-2	0538-33-1107
愛知県	遺品整理・生前整理りんどう	470-2201	愛知県知多郡阿久比町白沢字ミノカケ10-36	0569-48-3653
	株式会社ウェルタス	446-0008	愛知県安城市今本町4-4-1	0566-96-3666
	株式会社ACS	470-2104	愛知県知多郡東浦町生路字折戸28-10	0562-85-3943
	大橋運輸株式会社	489-0912	愛知県瀬戸市西松山町2-260	0561-82-0084
	グリーンサービス	474-0001	愛知県大府市北崎町福池44-15	0562-48-9559
	株式会社サワセイ	485-0029	愛知県小牧市中央1丁目200番地	0568-75-3111
	株式会社ティーエフエス	458-0014	愛知県名古屋市緑区神沢2丁目902番地	0120-994-094
	株式会社ペリエ	452-0933	愛知県清須市西田中白山60番地 星の宮ビル4A	052-408-5702
	緑ライフアシスト有限会社	458-0016	愛知県名古屋市緑区 上旭2-1407 サンハイツ上旭105	0120-550-774
	ヨシダ株式会社	440-0882	愛知県豊橋市神明町88	0532-56-6001
三重県	有限会社エコジャパン	518-0622	三重県名張市桔梗が丘2-4-28	0595-65-6227
	タイセイ美装工業	512-1301	三重県四日市市高見台1-15-2	059-339-1761
滋賀県	愛美装株式会社	522-0041	滋賀県彦根市平田町415-7 Nasu3-201	0749-24-4611
	お助け本舗滋賀守山店	524-0012	滋賀県守山市播磨田町435-2 ラフィーネ守山105	077-581-8344

	団体名称	郵便番号	所在地	電話番号
滋賀県	ワイドクリーン	521-0074	滋賀県米原市高溝330-5	0749-52-3154
京都府	株式会社アントレッド	612-8388	京都府京都市伏見区北寝小屋町51	075-755-9424
	有限会社疋田	600-8883	京都府京都市下京区西七条北衣田町60	075-312-3312
大阪府	株式会社アスナロカンパニー	564-0022	大阪府吹田市末広町20-33	06-6318-0126
	有限会社後川ファミリー運送	557-0054	大阪府大阪市西成区千本中1-2-21	06-6661-7038
	株式会社エヌクリーン	590-0005	大阪府堺市堺区南清水町3丁目4-22	0120-384-732
	エムズコーポレーション 株式会社	578-0976	大阪府東大阪市西鴻池町1丁目2-22 第2奥田ビル	06-6746-2137
	株式会社縁	542-0081	大阪府大阪市中央区南船場4-8-6 渕上ビル5F	06-4708-6755
	桜美サービス株式会社	544-0024	大阪府大阪市生野区生野西1-5-14	0120-352-441
	株式会社Good FaceGroup オールサポート	532-0011	大阪府大阪市淀川区西中島7-1-3-514	0120-959-399
	クリーンメイト	547-0002	大阪府大阪市平野区加美東3-10-6	0120-94-4651
	リメンバーズ	559-0024	大阪府大阪市住之江区新北島2丁目8-37	0120-766-411
	株式会社ケイティー関西	537-0003	大阪府大阪市東成区神路1-11-8	0120-158-558
	株式会社KOSHIN	546-0044	大阪府大阪市東住吉区北田辺1-2-10	06-7177-3361
	関西遺品整理センター	536-0005	大阪府大阪市城東区中央2-13-25-1401	0120-79-8818
	株式会社 ジャパン未来サポート	547-0022	大阪府大阪市平野区瓜破東8丁目8-13	06-7509-2525
	株式会社松南サービス	551-0021	大阪府大阪市大正区南恩加島4-4-53	06-6551-3459
	ダイウン株式会社	580-0013	大阪府松原市丹南1-482 内藤ビル4F	0120-711-050
	株式会社 T.Mコーポレーション	559-0017	大阪府大阪市住之江区中加賀屋1-3-6	06-6681-1400
	ニーズサービス株式会社	533-0005	大阪府大阪市東淀川区瑞光1-8-9 瑞光ビル203	06-6195-6368
	ねこのおてて	542-0085	大阪府大阪市中央区心斎橋筋1-4-4	0120-53-7904
	株式会社Pro Assist	567-0036	大阪府茨木市上穂積4-2-12	0120-260-410
	マレリーク	572-0084	大阪府寝屋川市香里南之町21-9 田島ビル1F	0120-994-287
兵庫県	アイネ	663-8006	兵庫県西宮市段上町3丁目2-18	0798-54-9321
	株式会社石本商店	670-0044	兵庫県姫路市地内町12	079-297-2828
	遺品整理ココロ	674-0074	兵庫県明石市魚住町清水1294-2	0120-605-968
	遺品整理の匠 (株式会社TAKUMI)	651-2117	兵庫県神戸市西区北別府4-1-2	078-975-1093
	ハート・スマイル (株式会社A-MAX)	661-0025	兵庫県尼崎市立花町3丁目1-17	0120-39-6789

遺品整理管理基準適合会員企業一覧

	団体名称	郵便番号	所在地	電話番号
兵庫県	株式会社けやき	673-1464	兵庫県加東市上中3-67 けやきビル	0795-43-0032
	株式会社トリアイナ	651-0094	兵庫県神戸市中央区琴ノ緒町4-2-1	0120-855-333
	株式会社中野石材	675-2311	兵庫県加西市北条町横尾642	0790-42-2833
	株式会社ニューステージ	662-0934	兵庫県西宮市西宮浜2-3-3	0798-38-6036
	はなまるHOME	651-2113	兵庫県神戸市西区伊川谷町有瀬316-2	078-945-5575
	まごころサービス	675-1115	兵庫県加古郡稲美町国岡895-4	0120-415-564
	誉田産業	675-1309	兵庫県小野市福住町670	0794-67-0425
奈良県	長澤運送株式会社	632-0063	奈良県天理市西長柄町638	0120-14-1178
	南大和環境株式会社	639-2277	奈良県御所市室54-2-1	0745-65-0051
	有限会社メイプル	630-0223	奈良県生駒市小瀬町205-4	0120-339-319
	ヤマトヤサービス	639-1054	奈良県大和郡山市新町897-8	0743-53-6334
	リリーフネット	630-8424	奈良県奈良市古市町1700 若草MS1F	0120-470-666
和歌山県	プロ・ステージ	646-0216	和歌山県田辺市下三栖129-1	0739-33-0670
	モリモト造園	645-0012	和歌山県日高郡みなべ町山内1595-1	0739-72-2565
	有限会社ライブデザイン	640-8343	和歌山県和歌山市吉田645 千ビル1階	0120-877-029
	和歌山特殊清掃センター（池内興業合同会社）	640-8304	和歌山県和歌山市松島201-5	073-460-1525
	有限会社 和歌山環境サービス	649-2106	和歌山県西牟婁郡上富田町南紀の台6-20	0739-47-5470
	有限会社和研	648-0072	和歌山県橋本市東家5-5-15	0736-39-0357
島根県	LCC株式会社	693-0005	島根県出雲市天神町869天神ビル2階 B2	0853-27-9320
	株式会社 リサイクルスタジオやまね	699-1251	島根県雲南市大東町新庄672-4	0854-43-7120
岡山県	便利屋！お助け本舗 岡山赤磐店	709-0827	岡山県赤磐市山陽4-10-30	0120-582-365
	株式会社ハピーフーズ（岡山かたづけ屋本舗）	702-8052	岡山県岡山市南区市場1-1	0120-61-4455
	株式会社ライフスマイル	719-1162	岡山県総社市岡谷555-1	0866-94-5770
広島県	安芸リサイクル	736-0085	広島県広島市安芸区矢野西3-67-16	0120-28-3374
	共栄美装株式会社	733-0035	広島県広島市西区南観音4-10-22	082-292-2923
	株式会社サイトー	739-0651	広島県大竹市玖波4-8-4	0827-57-0570
	株式会社誠信	737-0051	広島県呉市中央6-3-25 助信ビル3F	0823-23-8744
	ティプロ	731-5116	広島県広島市佐伯区八幡4-5-22 MIビル1F	0800-111-7008

	団体名称	郵便番号	所在地	電話番号
広島県	合同会社ネクストジャパントータルサポート	737-1207	広島県呉市音戸町波多見5-14-17	0823-27-6808
	MARUYAMA株式会社	731-5125	広島県広島市佐伯区五日市駅前2丁目14-11	0823-27-6808
山口県	株式会社ピアレックス	742-1511	山口県熊毛郡田布施町下田布施985-7	0820-52-5113
	株式会社ヒューマンライフサポート	754-0031	山口県山口市小郡新町6-3-15	083-976-4222
香川県	Pray(三木鋼業株式会社)	762-0061	香川県坂出市坂出町乙314-14	0877-43-3800
	株式会社リユースボックス	760-0020	香川県高松市錦町1丁目19-1	087-814-3366
愛媛県	株式会社アイリック	791-8031	愛媛県松山市北斎院町70-2	089-989-7840
	有限会社きたむら運送	799-1502	愛媛県今治市喜田村5-15-1	0898-48-5789
高知県	A&T株式会社	781-0270	高知県高知市長浜1869	0120-114-745
	株式会社アールズ	780-8027	高知県高知市高見町357	088-831-2252
福岡県	遺品整理キューネット	802-0974	福岡県北九州市小倉南区徳力6-12-23	0800-200-3500
	株式会社環境サポート	838-0121	福岡県小郡市上岩田769-3	0120-594-927
	福岡エコサービス遺品整理センター	812-0034	福岡県福岡市博多区下呉服町4-22	0120-323-787
	富士FP株式会社	800-0234	福岡県北九州市小倉南区貴弥生が丘2丁目21-12	093-234-0324
	株式会社友心	816-0964	福岡県大野城市南ケ丘5-1-19	0120-960-877
佐賀県	青空商会	840-0045	佐賀県佐賀市西田代1-7-40	0952-29-1690
長崎県	株式会社ウセズワールド	811-5311	長崎県壱岐市 芦辺町諸吉本村触937番地5	0920-48-2323
熊本県	EL-Japan合同会社	860-0041	熊本県熊本市中央区細工町4-9-1	096-322-4003
大分県	株式会社九州クリーンスペース	874-0920	大分県別府市北浜3-11-25永井ビル北浜2階	0120-931-255
	共立クリーンサービス有限会社	874-0836	大分県別府市東荘園町3-2組	0977-25-8520
	株式会社リーガルアシスト	870-1177	大分県大分市富士見が丘西2-16-4	097-574-7577
宮崎県	有限会社城山グリーンセンター	886-0004	宮崎県小林市細野2103-11	0984-22-3201
	有限会社末原産業	889-1702	宮崎県宮崎市田野町乙9471-4	0985-86-3679
	有限会社リバース	880-0844	宮崎県宮崎市柳丸町11-1	0985-61-9311
鹿児島県	暮らしサポート・レモンクォーツ合同会社	891-0150	鹿児島県鹿児島市坂之上8丁目33-13	099-262-4834
	一般社団法人ジョイワークさつま	895-1804	鹿児島県薩摩郡さつま町船木3855	0996-53-1818
	株式会社大翔	899-5111	鹿児島県霧島市隼人町姫城2491	0995-42-7920
	リサイクルショップAQUA	890-0063	鹿児島県 鹿児島市鴨池1-13-7ニッショウビル101	099-250-1337
沖縄県	合同会社ストリー商事	904-2161	沖縄県沖縄市古謝279-2	0120-870-765

優良法人会員企業一覧

	団体名称	郵便番号	所在地	電話番号
北海道	株式会社ベルックス	060-0005	北海道札幌市中央区北5条西12丁目2番地	011-271-4121
	株式会社 ヒルコ・イノベーション	003-0003	北海道札幌市白石区 東札幌3条6丁目1-10 白石ノースビル2F	011-863-0910
	株式会社北海道エコシス	080-2464	北海道帯広市西24条北4丁目5番地の4	0155-37-3766
	アクアブルー	004-0877	北海道札幌市清田区平岡7条1丁目6-14	011-556-6187
	遺品整理の専門業者ウィング (株式会社恩愛JAPAN)	064-0824	北海道札幌市中央区北4条西20丁目2-1	011-624-6788
	遺品整理クリーンビュー	007-0834	北海道札幌市東区 北34条東5丁目3-16-301	011-299-4707
	株式会社はやかわ	004-0062	北海道札幌市厚別区厚別西2条2丁目2-2	011-375-6081
	株式会社出口商会	067-0065	北海道江別市一番町33-5	011-381-7097
	有限会社フレッシュ冷暖科学	068-0831	北海道岩見沢市ふじ町1条2丁目2番8号	0126-23-9481
	新種商事	078-8234	北海道旭川市豊岡4条3丁目4-5	0166-32-9472
	ハートクリーン旭川(株式会社 シーエスプランニング)	070-8013	北海道旭川市神居3条18丁目2-8	0166-62-3987
	株式会社オルデック	078-8234	北海道旭川市豊岡4条1丁目1-18	0166-37-9900
	高橋設備	057-0033	北海道浦河郡浦河町堺町東1丁目4-15	0146-22-6703
	遺品整理社道南センター	050-0064	北海道室蘭市柏木町40-6	0120-818-240
青森県	株式会社アドヴァン企画	030-0802	青森県青森市本町5丁目7-16	017-718-3112
岩手県	Happy Maker	024-0083	岩手県北上市柳原町4-14-27	0197-72-7133
	グッドアクション株式会社	020-0866	岩手県盛岡市本宮2丁目30番3号	019-634-1187
	EC南部コーポレーション 株式会社	023-0003	岩手県奥州市水沢区佐倉河字慶徳71番地	0197-22-2255
秋田県	株式会社MIRINO	010-0001	秋田県秋田市中通1丁目4-32 秋田センタービル10階	018-835-1300
	秋田遺品整理代行メモリー キーパー(株式会社ブライト)	010-0973	秋田県秋田市八橋本町1丁目1-27 ブライトビル	018-824-7317
	有限会社菅原総業	019-1403	秋田県仙北郡美郷町金沢東根字柳田440-2	0187-84-2445
	株式会社マインド	012-1132	秋田県雄勝郡羽後町字大戸43-3	0183-62-1234
宮城県	スマイルライフみやぎ (株式会社ソラフネ)	980-0803	宮城県仙台市青葉区 国分町2丁目2-2 ㈱モントレール内	022-779-5152
	株式会社ムーバーズ	982-0034	宮城県仙台市太白区 西多賀2丁目6番28号 昭和ビル302号	022-307-5131
	遺品整理のちゅうそう	989-6711	宮城県大崎市鳴子温泉石ノ梅66	0229-87-5518
山形県	ゆかぴか本舗	990-0014	山形県山形市大字滑川431-17	023-629-3066
	きれい屋	991-0042	山形県寒河江市大字高屋9番地	0237-84-1751
	株式会社環境管理センター	997-0011	山形県鶴岡市宝田3丁目17-27	0235-25-0801
	有限会社朝暘宅建	997-0032	山形県鶴岡市上畑町8-30	0235-25-0828

	団体名称	郵便番号	所在地	電話番号
福島県	株式会社ランドマーク	960-0624	福島県伊達市保原町字1丁目20-1	024-575-1550
	有限会社 坂下リサイクルサービス	969-6576	福島県河沼郡会津坂下町 大字牛川字弥五畑343-1	0242-83-3402
茨城県	おたすけ悟空 (総合環境サービス株式会社)	300-2642	茨城県笠間市小原4514-3	0296-73-5523
	株式会社A-PLAN	300-1245	茨城県つくば市高崎795-2	029-846-7366
	株式会社ネモスフィロ	302-0034	茨城県取手市戸頭9-14-1	0297-70-7002
	まごころ整理 NAMAI (株式会社生井土建)	306-0412	茨城県猿島郡境町大字粟山192	0280-87-0600
栃木県	株式会社エヅリン	329-2732	栃木県那須塩原市一区町282-137	0287-46-7669
	株式会社ほほえみ倶楽部	329-0214	栃木県小山市乙女3丁目27番31号	0285-41-5500
群馬県	iパートナーズコーポレーション	371-0843	群馬県前橋市新前橋町13-1 フィールドフォー206	027-289-8602
	株式会社メモリアル	371-0133	前橋市端気町21-1	027-212-2524
	便利屋!お助け本舗群馬伊勢崎店 (株式会社エヌ・イー・エス)	372-0812	群馬県伊勢崎市連取町1510-1	0120-497-365
	株式会社アスク進共	370-2316	富岡市富岡2143	0279-75-5999
埼玉県	便利屋ぐっち	369-0222	埼玉県深谷市後榛沢452-2	048-585-7811
	有限会社ゼロミッション	343-0023	埼玉県越谷市東越谷9-123-2	0120-539-145
	虹の郷	350-1131	埼玉県川越市岸町3-13-12-302	049-293-8300
	ラウンドプロデュース株式会社	352-0031	埼玉県新座市西堀1-8-6	042-420-6563
	株式会社金時	335-0015	埼玉県戸田市川岸3丁目3-13 EAST	048-290-8617
	ヤマダ産業株式会社	350-0831	埼玉県川越市府川66番地2	049-226-7722
	株式会社ワイエス	350-0825	埼玉県川越市月吉町33番地2	049-224-8558
	M.H.コミュニケーションズ 株式会社	344-0032	埼玉県春日部市備後東2-14-10	048-423-7907
	e-収納 渡邉オフィス	343-0041	埼玉県越谷市千間台西2-4-12-703	090-1031-6678
	ワンステップサービス	349-0114	埼玉県蓮田市馬込5丁目45番地	0120-056-834
	株式会社LIFE	333-0846	埼玉県川口市南前川2-26-27	048-423-7907
	株式会社日新ソリューション	350-1165	埼玉県川越市南台2丁目7-41-2階	049-257-8283
	ベンリーズ埼玉	337-0015	埼玉県さいたま市見沼区蓮沼1693-3	0120-10-3455
	大村商事株式会社	353-0003	埼玉県さいたま市中央区本町東3-11-17	048-472-0328
千葉県	株式会社花園サービス	277-0835	千葉県柏市松ヶ崎576	04-7132-6011
	合同会社相創舎	283-0062	千葉県東金市家徳667-39-2F	0475-53-3174

優良法人会員企業一覧

	団体名称	郵便番号	所在地	電話番号
千葉県	プロアシスト東日本	297-0026	千葉県茂原市茂原1090番地1	0475-38-7187
	株式会社エコマイン	272-0134	千葉県市川市入船6-25	047-399-8000
	株式会社丸幸	273-0105	千葉県鎌ヶ谷市鎌ヶ谷3-3-40	047-443-0903
	みどり産業株式会社	290-0056	千葉県市原市五井9093番地3	0436-22-2020
	有限会社 アイワコーポレーション	267-0052	千葉県千葉市緑区下大和田町2717-2	043-205-8090
	株式会社アクセス有明	272-0823	千葉県市川市東菅野5-13-23	047-303-7175
東京都	遺品整理ウィル （株式会社遠藤商会）	187-0032	東京都小平市小川町2-2045-3	0120-058-311
	株式会社ハウスクリニック	192-0032	東京都八王子市石川町2966-9	042-660-1630
	有限会社シンク	111-0032	東京都台東区浅草5丁目71番3号	03-5808-9221
	株式会社辰巳	170-0011	東京都豊島区池袋本町2-29-16 岡本ビル101号	03-3982-0225
	株式会社エコアース	162-0045	東京都新宿区馬場下町1-1 早稲田SIAビル4階	03-5155-0820
	遺品整理クリーンサービス東京 （株式会社ToDo-Company）	175-0082	東京都板橋区高島平6-2-5	0120-973-548
	株式会社丸庄	104-0032	東京都中央区八丁堀4-13-5　幸ビル5階	03-3523-5331
	株式会社crest	153-0065	東京都目黒区中町1-37-1-202	03-6326-2433
	日本クリエイト株式会社	121-0823	東京都足立区伊興2-5-21	03-3899-2113
	せたがや遺品整理 （有限会社ツダック）	156-0052	東京都世田谷区経堂4-5-18-206	03-5426-2922
	多摩興運株式会社	206-0014	東京都多摩市乞田1426	042-374-2415
	株式会社レーヴ	146-0082	東京都大田区池上6-7-9 池上セントラルビル104	03-6410-2747
	まごころケアーズ （株式会社ピクスマスター）	160-0001	東京都新宿区片町1-1 パレクリスタル7F	0120-803-556
	株式会社Flawless	110-0005	東京都台東区上野3-22-8 新ジイドビル3F	03-5812-4951
	ユニティガードシステム 株式会社	105-0003	東京都港区西新橋1-10-8	03-3501-3501
	エフ・プランニング	176-0023	東京都練馬区中村2-28-2	03-5848-9199
	株式会社ワイケイ興業	168-0073	杉並区下高井戸1-26-12	03-5317-3532
	株式会社あさひセレモニー	190-0003	東京都立川市栄町6-1-13	042-534-2111
神奈川県	株式会社 ワイゼストカンパニー	241-0812	神奈川県横浜市旭区金が谷611-2	0800-800-7730
	遺品整理空 （山神運輸工業株式会社）	220-0061	神奈川県横浜市西区久保町5-20	045-231-0901
	横浜ベスト遺品整理社	224-0034	神奈川県横浜市都筑区勝田町1288番地	045-568-7428
	有限会社ベイサイドシステム	244-0003	神奈川県横浜市戸塚区戸塚町3626-6	03-6809-6320

	団体名称	郵便番号	所在地	電話番号
神奈川県	あおいハートフルサポート	252-0143	神奈川県相模原市緑区橋本5-26-15	042-703-0183
	有限会社山西	238-0016	神奈川県横須賀市深田台58番地	0468-25-5235
	株式会社湘南美装	254-0811	神奈川県平塚市八重咲町2-2 シーホース湘南ビル4F	0463-22-1494
	買取の得意な遺品整理社 エコライフ	211-0041	神奈川県川崎市中原区下小田中6-33-32	0120-881-539
	有限会社岡	224-0045	神奈川県横浜市都筑区東方町343	045-470-0252
	株式会社加瀬興業	224-0025	神奈川県横浜市都筑区早渕3丁目32番11号	045-595-2243
	相模堂 湘南御遺品整理センター	251-0002	神奈川県藤沢市大鋸1丁目11番14号	0466-26-2866
	株式会社 ケイヒン引越センター	224-0543	神奈川県横浜市都筑区折本町71	045-474-2900
	ライフライン (株式会社アンジュ)	220-0006	神奈川県横浜市西区宮ヶ谷8-6	045-534-7192
	特殊清掃サービス有限会社	243-0307	神奈川県愛甲郡愛川町半原4340	046-281-2600
新潟県	株式会社小出環境サービス	946-0071	新潟県北魚沼郡湯之谷村七日市416-1	025-793-1288
富山県	ハリタ金属株式会社	939-0135	富山県高岡市福岡町本領1053番地1	0766-64-3516
	株式会社アルト	939-3555	富山県富山市水橋市田袋280	076-478-5388
石川県	株式会社浦嶋	920-0016	石川県金沢市諸江町中丁247番地1	076-255-0065
	株式会社金剛	920-0231	石川県金沢市大野町4丁目レ40番地172	076-239-4153
	有限会社道しるべ	920-0981	石川県金沢市片町2丁目31-30	076-263-1165
	べんりやグッジョブ	923-0952	石川県小松市大和町131番地	0761-47-1273
	有限会社北商事	920-0102	石川県金沢市岸川町へ20番地	076-257-2222
	株式会社ブランドオフ	920-8013	石川県金沢市新神田2-5-17	076-292-8753
	株式会社 金沢環境サービス公社	921-8021	石川県金沢市御影23番10号	0120-076-248
福井県	あっとベンリ (有限会社エムアンドエム)	910-0017	福井県福井市文京2丁目1-5	0776-27-1566
	株式会社北陸遺品整理	910-0122	福井県福井市石盛町15-38-4	0776-97-8606
	遺品整理FUKUI	918-8108	福井県福井市春日町2-7-3	0776-37-4123
	あいぜん訪問介護センター	915-0834	福井県越前市広瀬町131-23	0778-21-1782
山梨県	山梨遺品整理センター 株式会社	400-0831	山梨県甲府市上町1221-16	055-241-0708
	合同会社ネオス	400-0211	山梨県南アルプス市上今諏訪2-2	055-269-9893
長野県	イコールゼロ株式会社	381-0022	長野県長野市大字大豆島4020番地3	026-221-8080
	株式会社 メディカルサービス松本	399-6462	長野県塩尻市大字洗馬字下平491番地1	0263-51-6557

優良法人会員企業一覧

	団体名称	郵便番号	所在地	電話番号
長野県	とこしえ〜永遠〜	386-0001	長野県上田市上田2110	0120-1717-94
	有限会社春日建築所	396-0217	長野県上伊那郡高遠町上山田1754	0265-94-3281
	有限会社信濃環境衛生舎	391-0211	長野県茅野市湖東6188-2	0120-50-2282
	特殊清掃信州 (株式会社ファームほたる)	399-0703	長野県塩尻市大字北小野4404番地3	0267-99-0733
	株式会社はた乃	395-0823	長野県飯田市松尾明5204	0265-24-1172
静岡県	うっちゃるら (株式会社エーシーピー商事)	424-0002	静岡県静岡市清水区山原831-7	0120-353-744
	ワースリンク株式会社	433-8123	静岡県浜松市中区幸2丁目3-16	053-482-8108
	株式会社三ツ星ホーム	422-8076	静岡県静岡市八幡2丁目15番26号	054-269-4531
	遺品整理業　天使 (静岡解体工業株式会社)	422-8046	静岡県静岡市駿河区中島843番地	0120-548-104
	株式会社アジェール	435-0054	静岡県浜松市中区早出町832番地	053-545-7526
	株式会社イーシーセンター	416-0946	静岡県富士市五貫島919	0545-64-2111
	リサイクルショップ エクシード	421-0113	静岡県静岡市下川原1-21-20	054-266-6229
	有限会社アカネ	432-8038	静岡県浜松市中区西伊場町76-17	053-452-4002
	リフレッシュ・ライフ	425-0086	静岡県焼津市小土136-1	054-628-9378
	株式会社スリー・アローズ	430-0407	静岡県浜松市中高林4-17-18 スカイビル203号	053-412-1380
	株式会社リスクベネフィット	424-0821	静岡県静岡市清水区相生町6-17	054-353-2302
	東海クリーンシステム 株式会社	410-0872	山梨県沼津市小諏訪45-4	055-925-5553
愛知県	有限会社美代志	458-0013	愛知県名古屋市緑区ほら貝2丁目71番地3	052-879-5620
	株式会社スリーエス	496-0012	愛知県津島市大坪町字折戸51番地	0567-32-5357
	永井産業株式会社 (エコスタイル事業部)	452-0911	愛知県西春日井郡新川町西須ケ口58番地	0120-530-863
	株式会社トップサービス	465-0057	愛知県名古屋市名東区陸前町114	052-703-1007
	有限会社大井毎日	470-3501	愛知県知多郡南知多町大字大井南側 43番地の2	0569-63-0851
	サトマサ株式会社	496-0045	愛知県津島市東柳原町1-26	0567-28-3103
	特掃最前線 (株式会社トラスト)	444-0903	愛知県岡崎市東大友町並木側13番地1	0564-32-3413
	有限会社 ジェイ・アール・ナゴヤ	464-0075	愛知県名古屋市千種区内山3丁目25-6	052-734-0162
	株式会社プラウドエー	463-0088	愛知県名古屋市守山区鳥神町117番地	0120-89-5433
	五星サービス	492-8167	愛知県稲沢市長束町北浦56 グランレイム長束1001	0587-24-7300
	遺品整理おまかせ隊 (株式会社友愛幸社)	470-2213	愛知県知多郡 阿久比町大字阿久比駅前2-14-2	0569-48-8520

	団体名称	郵便番号	所在地	電話番号
愛知県	生活代行サービス幸栄社	494-0012	愛知県一宮市明地字須賀東69	0586-67-1765
	スケット (株式会社ヨシダ工業)	491-0013	愛知県一宮市北小渕大日114番地	0586-77-1002
岐阜県	ケイナンクリーン株式会社	509-9131	岐阜県中津川市千旦林1173番地1	0573-68-5657
	株式会社サンユー	500-8119	岐阜県岐阜市梅林西町7番地	058-248-7773
三重県	株式会社福増仏壇 (家族の絆)	518-0116	三重県伊賀市上千歳455	0595-48-7691
	きれいずきサービス株式会社	514-0313	三重県津市香良洲町浜浦5650番地1	059-292-6211
	クリーンサービスすみか 株式会社	518-0002	三重県伊賀市千歳263-1	0595-24-8635
滋賀県	サポートライフ合同会社	520-2144	滋賀県大津市大萱5丁目34番1号 絵里商事ビル3F	077-526-5405
京都府	A'zカンパニー	621-0005	京都府亀岡市保津町宮ノ上35-2	0771-55-9545
	不用品回収・近畿	603-8487	京都府京都市北区大北山原谷乾町63-7	0120-98-3636
	株式会社 弁慶ひっこしサービス	615-0047	京都府京都市右京区西院六反田町1番地	075-323-0600
	株式会社環境整備社	612-8235	京都府京都市伏見区 横大路下三栖東ノ口36番地129	077-579-7363
	合同会社すずきよう	601-8371	京都府京都市南区吉祥院嶋樫山町45-2	075-682-0050
大阪府	メモリーズ株式会社	590-0006	大阪府堺市堺区錦綾町3-5-17	0120-232-580
	SYCクリーンサービス(株式会社SYC)	599-8241	大阪府堺市中区福田632番地1	0120-378-320
	株式会社ティーケイ	538-0037	大阪府大阪市鶴見区焼野2丁目4番25号	06-6914-2479
	かたづけ招き猫 (株式会社クリーディア)	555-0032	大阪府大阪市西淀川区大和田6丁目16-8	0120-2996-20
	I・Yコーポレーション	590-0806	大阪府堺市堺区緑ヶ丘北町4-3-22	0120-133-180
	遺品整理スター	554-0012	大阪府大阪市此花区西九条3-5-10	0120-452-999
	アパッチ株式会社	592-0012	大阪府高石市西取石7-6-12	072-267-0405
	ハピネス関西	561-0852	大阪府豊中市服部本町5-8-18	06-6300-1600
	有限会社スエサンサービス	561-0811	大阪府豊中市若竹町1-9-1	06-6336-7250
	株式会社ダストレ	555-0033	大阪府大阪市西淀川区姫島4-15-27	06-6459-9971
	関西遺品整理(有限会社アールアイコーポレーション)	532-0004	大阪府大阪市淀川区西宮原3-2-1	06-6350-0008
	宮本遺品整理士事務所	573-0165	大阪府枚方市山田池東町17-7 102号	072-868-2591
	株式会社朋友ネットワーク	596-0105	大阪府岸和田市内畑町245番地	0120-888-360
	エース陸上警備保障	585-0023	大阪府南河内郡河南町下河内649-3	0721-93-8890
	おたすけザウルス (kizuna株式会社)	533-0012	大阪府大阪市東淀川区大道南1-30-13-303	0120-921-792

優良法人会員企業一覧

	団体名称	郵便番号	所在地	電話番号
大阪府	こもれび(KT.REALIZNE)	563-0036	大阪府池田市豊島北2-4-6-208	0800-000-7888
	株式会社セントワークス	559-0021	大阪府大阪市住之江区柴谷2丁目11番1号	06-6682-1200
	べんりやパパさん	554-0001	大阪府大阪市此花区高見1-7-13-105	080-5305-0883
	ハンドベル	590-0948	大阪府堺市堺区戎之町西1丁1番1号 山洋ビルディング401号室	072-233-6066
兵庫県	はりま遺品整理サービス (株式会社豊由)	670-0875	兵庫県姫路市南八代町3-2	079-291-4088
	株式会社ファイナルセレクト	661-0952	兵庫県尼崎市椎堂1-17-10 レスポワール35 2F	06-6494-6676
	神戸引越しセンター リサイクル事業部	657-0066	兵庫県神戸市灘区篠原中町5-4-4	078-881-6040
	遺品整理サービスリファイン	665-0847	兵庫県宝塚市すみれが丘3-2-1	0797-51-7757
	株式会社トータルクリーン	666-0024	兵庫県川西市久代1丁目2番16号	072-758-5712
	便利屋の福入さん	665-0816	兵庫県宝塚市平井2丁目4-28-105	0797-88-8849
	株式会社ベストリサイクル	662-0026	兵庫県西宮市獅子ヶ口町19-33	0798-20-8711
	リサイクル相場屋	673-0017	兵庫県明石市野々上1丁目5番地の3	078-927-8055
	便利屋お助け本舗姫路店	673-1311	兵庫県加東郡東条町天神525	0120-786-365
	木村工業株式会社	674-0068	兵庫県明石市大久保町ゆりのき通1丁目5-17	078-936-3425
	クローバーサービス株式会社	679-4026	兵庫県たつの市揖西町竹原247-2	0120-221-595
	遺品整理アンカー	664-0005	兵庫県伊丹市瑞原3丁目23番地	0120-923-332
	株式会社カワシマヤ	670-0845	兵庫県姫路市城東町京口台25番地	079-284-5303
奈良県	関西クリーンサービス (A-LIFE株式会社)	631-0811	奈良県奈良市秋篠町1184-1	0120-673-373
和歌山県	プロ・ステージ	646-0216	和歌山県田辺市下三栖129-1	0739-33-0670
	あおぞら遺品整理センター (あおぞら株式会社)	640-8303	和歌山県和歌山市鳴神1051番地1	0120-594-524
	小椋リビングクリーン 株式会社	640-1121	和歌山県海草郡野上町下佐々70-2	073-489-3041
鳥取県	有限会社東部資源リサイクル	680-0811	鳥取県鳥取市西品治780番地1	0120-495-391
	ほうき小僧 (有限会社みつわ衛生社)	683-0846	鳥取県米子市安倍22番地1	0120-538-534
岡山県	株式会社明露堂	701-0164	岡山県岡山市北区撫川1070-3	086-250-0601
	桃太郎アテンドサービス	700-0945	岡山県岡山市南区新保1145-2	086-234-8286
	株式会社Rustic	709-0421	岡山県和気郡和気町日室523-19	0869-93-2981
	遺品整理専門オールウェイズ岡山 (綜合商社国際ミネル株式会社)	700-0815	岡山県岡山市北区野田屋町1-11-14	086-223-1892
	有限会社ウイルパワー	712-8046	岡山県倉敷市福田町古新田308-1	086-465-8500

	団体名称	郵便番号	所在地	電話番号
岡山県	エイトデイズ	703-8292	岡山県岡山市中区中納言町6-30	086-272-3526
	コネクト岡山	703-8227	岡山県岡山市中区兼基136-10	086-207-2789
広島県	有限会社土井運送総業	737-0823	広島県呉市海岸4丁目8番10号	0823-21-8373
	かたつけじょうず （株式会社ビーンズ広島）	731-0223	広島県広島市安佐北区可部南3-9-35	082-812-0553
	ジェイワントラストパートナーズ 株式会社	730-0851	広島県広島市中区榎町5-10-1F	0120-115-789
	株式会社アイリサイクル	731-4231	広島県広島市安芸区阿戸町7164-1	082-820-8550
	有限会社キッチンイシイ	722-0022	広島県尾道市栗原町9775-1	0848-25-5395
	遺品整理の広島あおぞら	731-0222	広島県広島市安佐北区可部東3丁目13番11号	082-548-1910
	こころテラス	731-5127	広島県広島市佐伯区五日市5丁目7-13-10-101	082-921-3399
	美鳳堂	728-0021	広島県三次市三次町1324-6	0824-63-5515
島根県	中国鹿島運輸有限会社	690-0332	島根県松江市鹿島町佐陀本郷224-1	0852-82-3939
山口県	有限会社日産商事	751-0837	山口県下関市山の田中央町4番11号	083-255-1380
	広島カタス	734-0004	広島県広島市南区宇品神田5丁目19-18	082-251-5609
	ポータルハードデスク （株式会社吉本興業）	745-0801	山口県周南市大字久米3044番地の2	0834-25-0423
	有限会社ジー・ケーサービス	755-0044	山口県宇部市新町10-21	0836-21-0315
	株式会社 吉南環境テクニカルサービス	754-0894	山口県山口市佐山3691-1	083-941-5340
香川県	エプロンママ	768-0051	香川県観音寺市木之郷町648-4	0875-27-7211
	株式会社オール・ラウンド	760-0035	香川県高松市鶴屋町2-23	087-899-8216
愛媛県	株式会社まごころ本舗	791-1112	愛媛県松山市南高井町1732番地1	089-990-8515
	遺品整理サービスの せとかん（株式会社せとかん）	799-2425	愛媛県松山市中西外891-2	0120-54-5256
福岡県	ハートアレンジ （株式会社よしなが企画）	822-0031	福岡県直方市植木699-1 CREATE21ビル1F	0120-051-279
	福岡遺品整理・特殊清掃センター （株式会社ダイワテクノサービス）	811-4171	"福岡県宗像市葉山1丁目21番地18	0120-917-099
	株式会社DUCA	811-1324	福岡県福岡市南区警弥郷1丁目30番地1号	092-588-3667
	エコキューピット	810-0054	福岡県福岡市中央区今川1-3-3-206	092-791-3859
	光進工業株式会社	803-0816	福岡県北九州市小倉北区西港町125-8	093-581-7046
	特定非営利法人 北九州遺品整理協会	807-0046	福岡県遠賀群水巻町吉田西3丁目22-3	093-201-5105
	九州遺品整理特殊清掃協会 （株式会社絆）	810-0004	福岡県福岡市中央区渡辺通5丁目14-10-2F	092-791-4864
	株式会社良創	811-2414	福岡県糟屋郡篠栗町和田東浦567	092-947-0421

優良法人会員企業一覧

	団体名称	郵便番号	所在地	電話番号
福岡県	株式会社美創	811-1102	福岡県福岡市早良区東入部1丁目46番4-2	092-804-4333
	エクラン	834-0112	福岡県八女郡広川町久泉101-3	0943-32-1602
	エフエスメンテナンス株式会社	812-0041	福岡県福岡市博多区吉塚4-10-18-1F	092-292-5919
	株式会社フェイスフル	816-0906	福岡県大野城市中2-13-33	092-558-6295
佐賀県	環境管理株式会社	841-0204	佐賀県三養基郡基山町大字宮浦543-45	0120-034-071
	リビングカーゴ株式会社	840-2165	佐賀県佐賀市諸富町山領742-5	0952-47-4710
長崎県	株式会社セイホウ開発	856-0027	長崎県大村市植松1丁目195番地9	0957-52-1900
熊本県	片づけ屋 かがやき	862-0950	熊本県熊本市中央区水前寺1丁目21-29	096-387-7778
大分県	有限会社岡村環境開発	870-0307	大分県大分市坂ノ市中央3丁目3番5号	097-592-1924
	有限会社エス・イーサービス	871-0161	大分県中津市大字上池永682番地6	0979-23-3090
	クリーンサポート (株式会社infinity)	870-0030	大分県大分市三芳98番地の1	097-579-6718
宮崎県	株式会社ティーディエス	880-0871	宮崎県宮崎市大王町8番地2	0985-31-4563
	株式会社サムズ	882-0837	宮崎県延岡市古城町1丁目3-25	0982-31-1617
	株式会社旭ケミカル	882-0866	宮崎県延岡市平原町2番地1454	0982-32-1935
鹿児島県	株式会社芙蓉商事	892-0823	鹿児島県鹿児島市住吉町1-3	099-222-3100
	株式会社村岡	890-0033	鹿児島県鹿児島市西別府町3116-145	099-283-3739
	リケイユ企画	899-2501	鹿児島県日置市伊集院町下谷口2791-2	099-272-5271
	鹿児島共同倉庫株式会社	892-0823	鹿児島県鹿児島市住吉町12番11号	099-222-8201
	有限会社愛光社	899-0501	鹿児島県出水市野田町上名5992番地4	0996-84-3459
	株式会社寿産業	899-3301	鹿児島県日置市吹上町中原2080-2	0120-510-373
沖縄県	読売協同産業株式会社	904-0327	沖縄県中頭郡読谷村儀間310番地1	098-958-0900

※このリストの情報は、2015年7月現在のものです。社名、住所、電話番号等は予告なく変更される場合がございます。あらかじめご了承下さい。

[著者プロフィール]

木村榮治（きむら・えいじ）

北海道・小樽に生まれる。北星学園大学社会福祉学部卒業。第三セクター職員を経て病院および民間企業などで勤務。福祉情報会社の経営と、リサイクル会社の役員をしていた折に、親の遺品整理に立ち会う。その時の整理業者のずさんな対応に心を痛め、2011年に一般社団法人遺品整理士認定協会を設立。現在に至るまで約1万人の遺品整理士を輩出してきた。一般社団法人ひきこもり支援相談士認定協議会理事長など、8団体の代表を務めている。著書に「遺品整理士という仕事」（平凡社新書）。

一般社団法人 遺品整理士認定協会
〒066-0009 北海道千歳市柏台南1-3-1
千歳アルカディア・プラザ 4F
[お問い合わせ]
TEL 0123-42-0528 / FAX 0123-42-0557
（受付時間:平日 AM9:00〜PM6:00）
[ホームページ] http://www.is-mind.org/
[メール] info@is-mind.org

プロに学ぶ

遺品整理のすべて

2015年8月25日　第1版第1刷発行

著　　者　木村榮治

発 行 者　玉越直人

発 行 所　WAVE出版

〒102-0074　東京都千代田区九段南4-7-15
TEL.03-3261-3713　FAX.03-3261-3823
振替00100-7-366376
info@wave-publishers.co.jp
http://www.wave-publishers.co.jp

印刷・製本　中央精版印刷

ISBN978-4-87290-757-5
NDC590 238p 21cm